LEARN IT LIKE A LADY!

INGLÉS PARA LA MUJER DE HOY

Vaughan SYSTEMS

Autora: Ximena Holliday

Coordinación del proyecto: Rubén Palomero

Edición: Augusto Hernández

Diseño audio: Daniel Escudero y Juan José Durán

Diseño y maquetación: ZAC diseño gráfico

Ilustración: Alberto Sastre

Invitados audio: Gabriela Wilkes, Mary Stabb, Oonagh Carney, Keelin Mc Loughlin, Natalie Murray, Iryna Belskaya, Rosanna Ryan y Alison Lanthorn,

Apoyo, consejos y revisión: Pablo Antonio Fernández, Alicia & Julian Holliday, Elena Dueñas y Rafael Lido.

Calle Orense 69
28020 Madrid
Tel: 91 748 59 50
Fax: 91 556 42 21

www.grupovaughan.com
www.vaughantienda.com

ISBN: 978-84-16094-34-9
Dep. Legal: M-15176-2014
Imprime: Naturprint
Primera edición: 2014

DEDICATION

Wow, my very own "dedication"... Must use it wisely...

To all of you who have, suggestion by suggestion, coffee by coffee, idea by idea, put up with me over the course of writing this book, I can't thank you enough.

To my long-suffering parents and of course Pablo and Sofía...what would I do without you?

Cómo descargar el audio

1

Entra en: **http://audios.vaughantienda.com**

2

En **Producto**, selecciona: **"Learn it like a Lady!"**
y escribe la clave: **1149VAUGHAN444928**
Pulsa **Entrar**

3

Pincha en el disco para descargar el audio o en
el triángulo verde para reproducirlo directamente

Para cualquier duda puedes consultarnos en **vaughantienda@grupovaughan.com**

index
índice

introduction

Hay cientos de tópicos sobre las mujeres: que si somos ***"the fairer sex"***, (que por cierto, en inglés no significa **'el sexo débil'** ¡sino **'el bello sexo'**!) , que ***"behind every great man, there's a great woman"***, **'detrás de cada gran hombre, hay una gran mujer'** o que ***"men are from Mars, women are from Venus"***, **'Los hombres son de Marte, las mujeres son de Venus'**... pero aquí los estereotipos no es lo que nos interesa...

La meta de este libro es enseñarte vocabulario y expresiones que usamos las mujeres en el día a día: en las películas, en las revistas, viajes, trabajo, ¡todo! y que otros libros nunca te enseñan. Porque ***"let's face it"***, **'tenemos que reconocerlo'**, aunque saber gramática es necesario, no ayuda mucho cuando vas a una peluquería en Londres, te equivocas de palabra y te dejan rasurada, u oyes términos como ***"a tough cookie"***, ***"to have a bun in oven"*** o ***"to go Dutch"*** en el momento clave de tu serie favorita y ya no tienes ni idea de lo que están hablando... Con consejos de pronunciación y trucos de cómo mejorar tu fluidez, ¡te prometo que este libro te va a ayudar!

Ya seas una ***"workaholic"***, **'adicta del trabajo'**, una ***"shopaholic"***, **'adicta a la compra'**, viajera, fiestera, supersana o supermamá, este libro contiene algo para ti. Así que vamos a ***"work hard, play hard"***, **'trabajar duro'** y **'disfrutar mucho'** a la vez, y ya verás que pasarás de ser ***"Misunderstood"*** (una persona **'malentendida'**), a una ***"Miss Understood!"***.

"Miss" en inglés significa **'Señorita'**, así que aquí el significado cambia a una **'Señorita Entendida'**...Mira... ¡ya tienes un nuevo juego de palabras ***"under your belt"***, **'a tus espaldas'**!

1200

1. The Shopaholic

1. Shopping

Ir de tiendas

Lo de **'ir de tiendas'** debería ser un deporte olímpico. No se puede comparar en absoluto con la versión *"light"* de **'hacer la compra'** que es para novatos y para adquirir cosas prácticas. Hacer la compra se suele traducir como *"to DO the shopping"*, sin embargo *"to GO shopping"* es otra cosa completamente diferente, ya que requiere habilidad, paciencia y esfuerzo. También un poco de dinero y bastante **'autocontrol'**, *"self-control"* y, si no vas sola, requiere (en general) ¡que tu acompañante no sea un hombre!

Puede que parezca un tópico, pero es la verdad, los hombres no entienden el arte, la emoción, *"the ecstasy of the purchase!"*. *"Men buy"*, *"women shop"*.

> "Shopping is a woman thing. It's a contact sport like football. Women enjoy the scrimmage, the noisy crowds, the danger of being trampled to death, and the ecstasy of the purchase."
>
> Erma Bombeck

PISTA AUDIO 1

Vocabulary

BASIC

In the sales●	en las rebajas	/in_dz_ssséils/
On sale	rebajada	/on_ssséil/
Discount	descuento	/díssskaunttt/
Full price	precio sin descuento	/fúl_práisss/

INTERMEDIATE

Bargain	chollo	/báagin/
Refund	devolución	/ríifand/
To hit the sales	ir de tiendas	/tuu_hhhíttt_dz_ssséils/
Queue●	cola	/kiú/

ADVANCED

Fitting room●	probador	/fíting_rúummm/
Loyalty card	tarjeta de cliente	/lóiialtii_káad/
Money off	un descuento	/mánii_off/
To fritter away	desperdiciar	/tuu_ fríte_auéi/

'Las rebajas' se traducen en inglés ***"the sales"***. Para hablar de prendas rebajadas recurrimos a la estructura ***"on sale items"***. ¡No confundas las preposiciones! Decimos ***"in the sales"*** pero también que algo está ***"on sale"***.

La palabra ***"queue"*** es curiosa, tiene cinco letras pero suena exactamente igual que la letra ***"Q"*** en inglés.

'Los probadores' se llaman normalmente ***"fitting rooms"*** en las tiendas, pero a veces se usa la palabra ***"changing rooms"*** que es la palabra que usamos para traducir **'vestuarios'**.

PISTA AUDIO 2

Translation List

Han comenzados las rebajas, ¡vámonos de tiendas!	**The sales have started, let's hit the shops!**
Señora, ¿tiene la tarjeta de cliente?	**Do you have a loyalty card, madam?**
¿50% de descuento? ¡Qué chollo!	**A 50% discount? What a bargain!**
Lo siento, me temo que no aceptamos devoluciones de prendas rebajadas.	**I'm sorry, I'm afraid we don't give refunds for sales items.**
Mira estos zapatos de ante, ¡están a mitad de precio!	**Look at these suede shoes, they're half price!**
¡Las colas para los probadores son tan largas! Me lo pruebo aquí.	**The queues for the fitting rooms are so long! I'll try it on here.**
Desperdicié todo mi dinero en las rebajas.	**I frittered away all my money in the sales.**
No me lo devolvieron porque había perdido el recibo.	**They didn't give me a refund because I had lost the receipt.**

recuerda que

"To hit the sales" y ***"to fritter away"*** son bastante coloquiales así que úsalas sólo en situaciones informales. Un sinónimo más formal de ***"to fritter away"*** es ***"to squander"*** **/ssskuánde/** ¡si quieres parecer muy culto!

saber más

'Una prenda de ropa' tiene varias traducciones en inglés. Se puede decir ***"a garment"*** o si hablas de prendas de vestir en una tienda ***"articles of clothing"***. Sin embargo, si la prenda está rebajada no solemos decir *"a sales article"* sino ***"a sale item"***.

no olvides

Aprende bien cómo usamos la palabra ***"refund"***. Si bien podemos usar ***"refund"*** como verbo, otras formas que también se utilizan son ***"to give a refund"*** y ***"to get a refund"***.

¡ojo!

Un ***"false friend"*** falsísimo se produce al escuchar ***"receipt"***, porque muchas veces creemos que están hablando de **'una receta'**. ¡Nooooooooooooooo, eso es ***"a recipe"***! ***"A receipt"*** **/résssiittt/** es un **'ticket de compra'** y también se traduce como **'factura'** o **'recibo'**.

pronunciation

Además de ser una palabra complicada de usar correctamente, *"refund"* tiene una pronunciación engañosa también. No digas /refúnd/ sino **/ríifand/**bajando la mandíbula para conseguir un sonido entre una **'a'** y una **'u'** castellana (lo llamaremos **/a/**). El mismo sonido aparece en la palabra *"money"*. No es /móney/, es **/mánii/**. Practica este sonido corto; a lo largo del libro encontrarás otras vocales en azul celeste como la **'u'**, la **'i'** y la **'e'**. Son todos sonidos cerrados, de muy poco aire, ¡así que intenta cortarlos en la misma garganta!

expressions

¿Entonces en qué categoría estás? ¿En la de *"Shop till you drop"*, donde es posible que compres todo lo que está a la vista hasta que no puedas más, o en la categoría *"Window shopper"*, que es donde miras pero normalmente sin tocar? ¡Espero que no seas *"kleptomaniac"* como alguna celebrity!

statistics

Parece que los tópicos son verdad. Un estudio sobre 2.000 personas en Gran Bretaña mostró que el tiempo medio que los hombres aguantan de compras durante las rebajas es de 26 minutos, mientras que el promedio para las mujeres es de dos horas... ¿Te sorprende?

Ahora, a ver si puedes traducir estas otras estadísticas (poco) sorprendentes...

- **Eight out of ten men hate shopping with their partner. 45% avoid it at all costs.**

....

- **One in four men simply goes home without their partner when they get bored.**

....

- **Half of all couples end up rowing when they go shopping together.**

....

- **Men are less likely to *"act out"* if they are promised a treat at the end of shopping trip!**

....

(Ver la página 221 para las traducciones)

2. Clothes

Ropa

Como decía Shakespeare (y siguen diciendo miles de revistas de moda), ***"Clothes maketh*** **the man"**. Y es verdad que la primera impresión que nos formamos de alguien está directamente relacionada con la ropa que lleva puesta. Sin embargo, aqui no importa nada ***"what you are wearing"*** (**'lo que llevas puesto'**). ***"Dressed to impress"*** (**'vestido de punta en blanco'**) o ***"relaxing at home in your pyjamas"*** (**'relajándote en casa en pijama'**); lo único que importa aquí es la pronunciación y que prestes mucha atención a cómo decimos la palabra fundamental de este capítulo: ***"Clothes"***. ¡Jamás decimos /cloth-es/ como suele decir erróneamente algún hispanohablante! Es **/klóuzs/**, en una sola sílaba. Todo el mundo sabe que las apariencias engañan y que no se puede ***"judge a book by its cover"*** (**'juzgar un libro por su portada'**) pero ¿el no esforzarse con la pronunciación?... ¡eso es otra historia!

No usamos esta estructura hoy en día; es inglés antiguo de la época de Shakespeare, cuyo nombre, por cierto, pronunciamos **/Shéikspia/** en dos sílabas.

> **"When a woman says: I have nothing to wear!, what she really means is: there's nothing here for who I'm supposed to be today."**
>
> Caitlin Moran, *How to Be a Woman*

PISTA AUDIO 3

Vocabulary

BASIC

To wear	llevar puesto	/tuu_húeee/
To put on	ponerse	/tuu_pút_onnn/
To try on	probar	/tuu_trái_onnn/
To take off	quitarse	/tuu_téik_offf/

INTERMEDIATE

A suit	un traje	/a_súuttt/
Cocktail dress	vestido de cóctel	/kókteil_drésss/
Black tie	smoking	/blák_taí/
Dress code	atuendo apropiado	/drésss_koúddd/

ADVANCED

Outfit	atuendo/conjunto	/áutfittt/
Zip	cremallera	/zzzíp/
Hem	dobladillo	/hhhémmm/
Sleeve	manga	/ssslíivvv/

Hablar de ropa es un campo de minas lleno de ***"phrasal verbs"***. Asimílalos lo antes posible escribiéndolos en un cuaderno dedicado exclusivamente a ellos. También es buena idea intentar escribir frases usándolos.

Muchos alumnos se equivocan con la traducción de **'traje'**, ***"suit"*** porque se confunden con la traducción de **'traje de baño'** que es ***"swimming costume"*** y dicen *"costume"*. ¡Recuerda que ***"a costume"*** significa **'un disfraz'**!

Usamos la palabra ***"zip"*** como sustantivo pero también como verbo. El ***"phrasal verb" "to zip up"*** significa subirse la cremallera, pero ¡ojo!, porque su antónimo no es *"to zip down"* sino ***"to unzip"***. ¡Otra curiosidad del inglés es que decimos ***"fly"***, que significa **'mosca'** para referirnos a la bragueta!

Translation List

PISTA AUDIO 4

Me encanta tu ropa, ¡vas de punta en blanco!	I love your outfit, you're dressed to kill!
Ponte esto, estoy segura de que te quedará bien.	Put this on, I'm sure it will suit you.
Me probé toda la ropa de mi armario pero no encontré nada que ponerme.	I tried everything in my entire wardrobe on but I couldn't find anything to wear.
Recuerda que ese traje sólo se lava en seco.	Remember that suit is dry clean only.
¿Me puedes ayudar a subir la cremallera de la chaqueta?	Could you help me zip up my jacket?
¿Dónde me pueden coger el dobladillo de este vestido de cóctel?	Where can I get the hem on this cocktail dress taken up?
Pareces más "casual" si te remangas.	You look more causal if you roll up your sleeves.
Es un evento con smoking. Por favor sigue las normas de etiqueta.	It's a black tie event. Please follow the dress code.

saber más

"Dressed to kill" es otra expresión junto con ***"dressed to impress"*** que tiene el mismo significado que en español: **¡'vestido de punta en blanco'!**

recuerda que

"A suit" significa **'un traje'** pero también puede servir como verbo en el sentido de que a alguien algo le queda bien. Fíjate en esta estructura: ***"That suit suits you!"***.

interesante

Si decimos ***"to zip up"*** para hablar de subirse la cremallera y ***"to button up"*** para abrochar un botón, lo lógico sería que **'arremangarse'** se dijera *"to sleeve up"* ¿verdad? Lamentablemente no siempre es tan fácil y necesitamos memorizar otro verbo: ***"to roll up your sleeves"***.

no olvides

En inglés usamos una expresión muy buena que es ***"to have something up someone's sleeve"***. La usamos para decir normalmente que alguien tiene un plan secreto pero no estamos seguros de lo que es.

pronunciation

Es tan importante que voy a insistir otra vez... ¿Cómo era la pronunciación correcta de *"clothes"*? Piénsalo.... ¡Bien! **/Klóuzs/**, ahora es fácil. Recuerda que en muchas palabras pronunciamos la vocal **'o'** como un sonido **'ou'**. Practiquemos con ***"dress code"*** que se dice **/drésss_koúddd/**. Forma con los labios una **'o'** bastante estrecha, y piensa en cómo un guiri diría **'olé'** ¡y seguro que lo tienes!

expressions

¿Te acuerdas de cómo decir **'vestido de punta en blanco'**? ¡Excelente! ***"Dressed to kill"*** o ***"dressed to impress"***. Hay otra manera de decir lo mismo y es ***"dressed to the nines"***, así que practica las tres. También tenemos una expresión un poco menos positiva que hay que usar con mucho cuidado. Si alguien habla de ***"mutton dressed as lamb"*** significa que creen que la persona no está vestida adecuadamente para su edad. ¡***"Mutton"*** es una oveja vieja y ***"lamb"*** significa **'cordero'**!

a joke...

A ver si ahora con el nuevo vocabulario aprendido puedes pillar este chiste (malísimo)...

A woman tried to get on a bus but her skirt was so tight that she couldn't get up the step. So she reached behind her, lowered her zip and tried again. Still the skirt was too tight. So again she reached behind her, lowered her zip a little more and tried to negotiate the step. But still the skirt was too tight. Determined to catch this bus, she once more reached behind her, lowered the zip a little and attempted to climb aboard. Then suddenly she felt two hands on her bum, helping her on to the bus. She turned around angrily and told the man behind her: *"Sir, I don't know you well enough for you to behave in such a manner."* The man replied: ***"Lady, I don't know you well enough for you to unzip my fly three times either!"***.

3. Fashion styles

Estilos de moda

"Over-dressed" - *"underdressed"*, *"In fashion"* - *"out of fashion"*, el mundo de la moda siempre está oscilando y esa chaqueta *"bomber"* que tienes escondida ¡seguro que volverá a estar de moda cualquiera de estos días! Pero como se mueve tan rápido también resulta difícil mantenerte al día en lo que está **'de moda'** o **'pasado de moda'**. Seguro que somos muchos los que hemos sentido la frustración de no encontrar nada que ponerse en **'un armario'**, *"a wardrobe"* lleno de ropa...

La verdad es que *"following fashion"* requiere tiempo, ¿y quién lo tiene? Mejor recordar lo que dijo la actriz Lauren Hutton: *"Fashion is what you're offered by designers four times a year. And style is what you choose"* (**'La moda es lo que te ofrecen los diseñadores cuatro veces al año. Y el estilo es lo que tú elijes'**). Entonces, ahora todo en el armario vale, ¡así que a quitar el polvo de esa *"bomber jacket"*!

> "One is never over-dressed or underdressed with a Little Black Dress."
>
> **Karl Largerfeld**

PISTA AUDIO 5

Vocabulary

BASIC

Fashionable●	de moda	/fáshunabal/
Out of fashion	pasado de moda	/áuttt_ov_fáshun/
Old-fashioned	antiguo	/óulddd_fáshund/
Cool	genial/guay	/kúul/

INTERMEDIATE

Brand	marca	/bránd/
Stripy	a rayas	/ssstraípii/
Polka-dot	a lunares	/pólka_dóttt/
Woollen●	de lana	/húlun/

ADVANCED

Flattering●	que te sienta bien	/flátee(r)ing/
Smart	elegante	/sssmáattt/
Baggy	suelto/holgado	/bágii/
Trendy	moderno	/tréndii/

Para formar los antónimos en inglés, usamos con mucha frecuencia el prefijo ***"un"***. Para decir pasado de moda, podemos decir ***"out of fashion"*** pero también podemos convertir la palabra **'de moda'**, ***"fashionable"*** en ***"unfashionable"***.

"Wool" es **'lana'**. ¿Cuántos tipos de materiales conoces en inglés? Apúntate estos también: ***"cotton"*** (**'algodón'**), ***"polyester"*** (**'poliéster'**) y ***"silk"*** (**'seda'**).

No hay una palabra exacta en castellano para traducir ***"flattering"***. Lo más cerca es la idea de que algo te sienta o te queda bien o que realza tus puntos fuertes. Recuerda la estructura: ***"that dress is very flattering"***; no hace falta usar ningún **objeto indirecto**.

Translation List

PISTA AUDIO 6

Las rayas verticales están de moda estos días.	**Vertical stripes are in fashion these days.**
Esta temporada se llevan los lunares.	**This season polka-dots are in.**
¿Has escuchado hablar de esa marca nueva y moderna "Giggleziggle"?	**Have you heard of that new really trendy brand "Giggleziggle"?**
La ropa de lana se lleva mucho esta temporada.	**Woollen clothes are very fashionable this season.**
No sigo mucho la moda, pero aparentemente la ropa holgada se vuelve a llevar.	**I don't follow fashion much but apparently baggy clothes are back in.**
Un pequeño vestido negro nunca pasa de moda.	**A little black dress never goes out of fashion.**
La etiqueta no es el smoking, es casual-elegante.	**The dress code isn't black tie, it's smart casual.**
No me importa si está pasado de moda, me queda mejor que la ropa moderna.	**I don't care if it's old fashioned, it's much more flattering than the modern stuff.**

¡ojo!

Las palabras para las cosas **'guays'** cambian tan rápidamente, que es probable que en el tiempo que se tarda en aprender las palabras ***"cool"*** y ***"trendy"***, ¡ya no estén de moda...!

saber más

Aparte de decir que algo es ***"in fashion"*** también es posible decir que algo es ***"in"*** a secas, y significa lo mismo, que está **'de moda'**. Recuerda también que en la moda se habla de **'temporadas'**, ***"seasons"***.

interesante

Tiene tanta fama que en el mundo de la moda es muy común oír ***"little black dress"*** reducido a ***"LBD"***.

¿sabías que...?

Está muy de moda últimamente invitar a la gente a un evento donde el ***"dress code"*** sea ***"smart-casual attire"***. Como ***"attire"*** es un sinónimo de **'ropa'**, queda implícito que la gente tiene que venir vestida elegante pero no muy formal.

pronunciation

¿Tienes *"style"*?, ¿Seguro?, ¿O tienes *"estyle"*? Dilo en voz alta... ¿Entonces qué tienes? ¡Bien! **/Ssstaíl/** sin rastro de la **'e'** delante de la primera **'s'** ¿verdad? Es un error muy extendido entre los estudiantes de inglés y es necesario hacer un gran esfuerzo para que no se te escape ese sonido **'e'** antes de las palabras que empiezan con **'s'** y que van seguidas de una consonante. De las que hemos visto en este capítulo, pon atención al pronunciar ***"stripy"***, **/ssstraípii/**, ***"smart"***, **/sssmáattt/**, ***"stuff"*** **/ssstáfff/** y por supuesto ***"style"*** **/ssstaíl/**.

expressions

¿De dónde viene la inspiración de la moda? Normalmente de los diseñadores y de sus estrenos *"on the catwalk"* (**'en la pasarela'**). Para recordar esta frase, intenta visualizar algunos gatos en la pasarela modelando ropa de diseño. Otra expresión que también usa la misma preposición es *"on trend"*. Si dices que algo está *"on trend"* significa que está **'a la última'**. Y si alguien se toma demasiado en serio lo que es *"on trend"* y se viste de manera muy rara o exagerada, ¡existe la palabra *"fashion victim"*!

false friends

Con tanto vocabulario nuevo seguro que te has convertido en un *"fashion expert"*. Sin embargo no puedes meter la pata ahora y usar una traducción literal para decir **'ponerse'** o **'pasar'** de moda. Repite *"to come into fashion"*, *"to go out of fashion"* hasta que te salga de forma natural.

Y puede que sea porque las modas *"come in"* y *"go out of fashion"* tan rápidamente que pueda explicarse por qué sólo en el Reino Unido se estima que hay 1,6 billones de libras en ropa sin usar colgada en los armarios...¡Impresionante!

Ahora que tienes asimilado el *"phrasal verb" "to go out of fashion"* también entenderás cuando oigas a alguien usar *"like it's going out of fashion"* para expresar que alguien está haciendo algo de una manera exagerada: *"He spends money like it's going out of fashion!"* (**'¡Gasta dinero como si fuese a pasar de moda!'**).

4. Shoes

Zapatos

Dicen que *"dogs are a man's best friend"* (**'el perro es el mejor amigo del hombre'**), pero veo que no mencionan a las mujeres en ese refrán tan famoso, quizás porque saben que muchas mujeres dirían que ¡los zapatos son amigos mucho mejores!

Tacones altos, plataformas, planos, zapatos abiertos o cerrados, de punta estrecha, sandalias o botas... hay un zapato para cada ocasión. ¿Sabías que **'el promedio de zapatos'**, *"the average number of shoes"* que tiene una mujer es de 19? ¿Y que el récord del número de zapatos de *"Converse"* que tiene una mujer es de 733? Por cierto, ¿cómo decimos 733 en inglés? *"Seven hundred and thirty-three"*, ¡bien!

Ya hemos visto lo que es un *"shopaholic"*, un adicto total a la compra. ¿Qué piensas tú? ¿Eres un *"shoeaholic"*? No se puede generalizar, pero **'cuando el río suena...'**, *"if the shoes fits..."*.

> *"Give a girl the right shoes, and she can conquer the world."*
>
> Marilyn Monroe

PISTA AUDIO 7

Vocabulary

BASIC

Flat	plano	/fláttt/
Shoe laces	cordones	/shúu_léisis/
Boots	botas	/búutsss/
Leather	cuero	/léze/

INTERMEDIATE

High heels	tacones altos	/hhhái_hhhíils/
Pointy-toed	punta estrecha	/póintii_tóuddd/
Trainers	zapatillas	/tréines/
Flip-flops	sandalias/chanclas	/flíp_flópsss/

ADVANCED

Shoe polish	betún	/shúu_pólish/
Suede	ante	/sssúeiddd/
Blister	ampolla	/blíste/
Cinderella	cenicienta	/sssinderéla/

Como los ***"flat shoes"*** vuelven a estar de moda, hay muchos tipos de zapatos planos en las tiendas hoy en día: ***"ballet shoes"***, ***"pumps"***, ***"brogues"***, ***"court shoes"***, la lista es interminable...

¿Conoces la palabra americana para ***"trainers"***? Les llaman ***"sneakers"***.

¡No podemos olvidarnos de la chica de los zapatos más famosos de la historia: ***"Cinderella"***!

PISTA AUDIO 8

Translation List

¡Se ha roto la correa de mis sandalias!	**The strap of my flip-flops has broken!**
¿Cómo se protegen los zapatos de ante?	**How do you protect suede shoes?**
Estoy segura de que esos no son de cuero. Parecen imitación.	**I'm sure those aren't made of real leather. They look fake to me.**
¿Dónde puedo conseguir que le pongan un nuevo tacón a mis plataformas?	**Where can I get my platforms re-heeled?**
¿Crees que los zapatos de punta estrecha favorecen más que los zapatos abiertos?	**Do you think pointy-toed or open-toed shoes are more flattering?**
¡Esos tacones altos me hacen mucho daño! Siempre me salen ampollas.	**Those high heels are so painful! They always give me blisters.**
¿Hay un betún especial para zapatillas?	**Is there a special shoe polish for trainers?**
Me gastaría todo el sueldo en ese par de botas si tuviese suficiente dinero.	**I would spend my entire pay check on that pair of boots if I could afford it.**

saber más

Aunque ***"flip-flops"*** es una palabra muy usada para hablar de las sandalias, también se usa ***"sandals"*** para referirse a unos ***"flip-flops"*** más elegantes, como los de ***"leather"***, (**'cuero'**) o ***"suede"***, (**'ante'**).

interesante

Ahora conoces la palabra para decir **'tacón'**, ***"heel"***. Para hablar de poner un nuevo tacón en unos zapatos usados solo tenemos que insertar ***"re"*** delante de la palabra ***"heel"***. ¡Así de fácil!

pronunciación

Recuerda que no decimos *"especial"*, en inglés, sino ***"special"***. Quita la **'e'** de delante y ten mucho cuidado con otras palabras parecidas. ¡Por ejemplo **'España'** no es *"Espain"* sino ***"Spain"***!

recuerda que

"If I could afford it" se traduce como **'si tuviese suficiente dinero'** pero también lo podemos usar en el sentido de **'si me pudiera permitir el lujo'**.

pronunciation

Nos toca ahora practicar el sonido **'uu'** largo que tenemos muchas veces cuando hay doble **'o'** en una palabra como *"boots"*. Di /shúus/ y /búutsss/. Es un sonido que hay que exagerar bastante, repítelo alargando las **'uuuuu'**s ¡hasta que te sientas ridículo!

Aunque es bastante parecido al **'ou'** que vimos en el capítulo de *"Clothes"*, ¡cuidado!, porque NO es lo mismo. Graba tu voz diciendo *"clothes"*, *"dress code"* y luego *"shoes"*: /shúus/ y *"boots"*: /búutttsss/ para asegurarte de que tengas bien marcada la diferencia.

expressions

Hablando de zapatos, el verbo *"to fit"* significa **'caber'** y usamos la expresión que vimos en la introducción *"If the shoe fits, wear it"* para hablar de algo negativo que igual no quieres reconocer pero que es verdad. Una expresión parecida en español es **'cuando el río suena, agua lleva'**.

También tenemos otra expresión que empieza con *"If the shoe"*: *"If the shoe were on the other foot"*. Observa que estamos usando el segundo condicional con *"were"*. Estaría mal dicho decir *"If the shoe WAS on the other foot"*. ¿Y qué significa?: **'Si las cosas fueran al revés...'** ¡Apúntalo!

false friends

Es siempre un reto intentar acordarse de las conversiones de los números de pie en otros países, por ejemplo, un número 7 en Inglaterra es un número 40 en España y un 9,5 en Estados Unidos. Aunque no te puedo ayudar a recordar las conversiones de número de pie, sí te puedo ayudar al darte un *"false friend alert"*. Cuando hablas del número de pie que usas, tienes que recordar que en inglés no decimos *"number"* sino *"size"*, y tampoco utilizamos el verbo *"to use"* porque usamos *"to be"*. Practica: *"I'm a size 5"* (**'uso un número 5'**), *"she's a size 6"* (**'ella usa un número 6'**), *"What size shoe are you?"* (**'¿Qué número de zapato usas?'**).

Y por último, si tienes pie plano, ¿cómo decimos eso en inglés?

Usamos la misma palabra que para los zapatos **'planos'**: *"to be flat-footed"*.

5. Accessories

Accessorios

"Accessories" (**'accessorios'**), son los extras que pueden dar nueva vida a la ropa vieja que tienes. Puede haber dos mujeres con el mismo vestido negro pero si una tiene **'un fular rojo'**, *"a red scarf"* combinado con zapatos rojos y **'un bolso negro y rojo'**, *"a black and red handbag"*, quizás no te des cuenta de que la mujer con un **'collar de plata'**, *"a siver necklace"* y un gorro elegante, lleva puesto el mismo vestido que la otra. Aunque Coco Chanel aconsejó que los usemos con cuidado, no se puede negar que a veces los accesorios son fundamentales. Al fin y al cabo todo es cuestión de gustos y como dice el refrán *"There's no accounting for taste!"*, (**'¡Sobre gustos no hay nada escrito!'**)!

> "Before you leave the house, look in the mirror and remove one accessory."
>
> Coco Chanel

Vocabulary

BASIC

Hand bag	bolso	/hándbag/
Scarf●	pañuelo/fular/bufanda	/ssskáafff/
Purse	cartera	/péesss/
Belt	cinturón	/bélttt/

INTERMEDIATE

Jewellery	joyas	/(chll)úualrii/
Earrings	pendientes	/ii(r)ings/
Necklace●	collar	/néklasss/
Bracelet	pulsera	/bréissslettt/

ADVANCED

To accessorise	complementar con accesorios	/tuu_aksésorais/
To spice up●	darle color/un toque	/tuu_ssspáis_ap/
To match	hacer juego	/tuu_mátch/
Tacky	cutre	/tákii/

Aunque en español hay varias traducciones, en inglés para hablar de pañuelos, fulares y bufandas usamos la misma palabra: ***"a scarf"***.

¡Cuidado! ***"Necklace"*** no se pronuncia **/neck-láce/**. Esfuérzate y di **/néklasss/** bajando la mandíbula para pronunciar bien el sonido **'a'**.

¿Te acuerdas de las ***"Spice Girls"***? Su lema era ***"Spice up your life"***, y aunque ellas quizás hayan pasado de moda, el ***"phrasal verb" "to spice up"*** todavía sirve para decir **'dar un toque a algo'**.

Translation List

PISTA AUDIO 10

¿Dónde has comprado ese fular? ¡Me encanta!	**Where did you buy that scarf? I love it!**
¡Complementar con accesorios es un arte!	**Accessorising is an art!**
Se asegura de que todo haga juego, ¡hasta su cartera!	**She makes sure everything matches, even her purse!**
¿Has notado que su bolso hace juego con su cinturón?	**Have you noticed her handbag matches her belt?**
Esa tienda vende accesorios y perfume.	**That shop sells accessories and perfume.**
Esos pendientes dan un toque a tu conjunto.	**Those earrings really spice up your outfit.**
Usar demasiadas pulseras puede parecer un poquito cutre, ¿no crees?	**Wearing too many bracelets can look a bit tacky don't you think?**
Ese collar queda muy bien con ese vestido de cóctel.	**That necklace goes really well with that cocktail dress.**

saber más

Usamos la palabra ***"purse"*** para referirnos a un **'monedero'** pero sólo se usa para mujeres. También existe la palabra más general ***"wallet"*** que se refiere a una cartera de mujer u hombre.

interesante

Para confundirte un poco más, en América **'las bolsos de las mujeres'**, o sea ***"handbags"*** también se llaman ***"purses"***.

¡ojo!

Significa perfume pero se suele usar sólo hablando de los perfumes de mujeres. Para los perfumes del hombre recurrimos a la palabra ***"aftershave"*** o ***"cologne"*** ¡aunque técnicamente no sean la misma cosa!

recuerda que

"To match" significa **'hacer juego'**, pero tenemos otro ***"phrasal verb"*** para decir que algo queda muy bien con otra cosa. Aprende la estructura ***"something goes well with something"***.

pronunciation

Ten cuidado con las palabras que parecen tener más sílabas de las que tienen en realidad. ¿Sabes qué palabras de este capítulo están en esta categoría? ***"Jewellery"*** es una de ellas. Es importante que digas **/(chll)úualrii/** en dos sílabas y nada de /jewell-ér-y/. También la pronunciación de ***"bracelet"*** engaña. Dilo en dos sílabas y no tres: **/bréissslettt/**.

expressions

Hemos visto ***"to spice up"*** que significa dar un toque o dar algo extra a algo. Existen varios sinónimos y como es siempre buena idea ***"to spice up"*** a tu vocabulario, apunta estas variaciones: ***"to jazz up"*** y ***"to spruce up"***.

Y hablando de ***"spicing"*** y ***"jazzing up"***, ¿conoces la expresión ***"variety is the spice of life"***? Significa que **'la variedad es la salsa de la vida'** ¡y es una buena razón para buscar todas las pulseras y collares que tienes perdidos en un cajón y sacarles partido! Como dice la gente, ***"Diamonds are a girl's best friend"*** (**'Los diamantes son los mejores amigos de las mujeres'**).

false friends

FALSE FRIEND ALERT! Cuidado con decir ***"to compliment"*** cuando quieres decir **'complementar'** en castellano. Lo más correcto sería usar ***"to accessorise"*** hablando de accesorios de ropa porque el verbo ***"to compliment"*** tiene un significado bastante distinto de lo que parece y puede causar confusión. Donde más se oye ***"to compliment"*** es en el contexto de **'halagar'**: ***"he complimented her on her new haircut"***. También lo usamos muy a menudo como sustantivo ***"to give a compliment"*** para **'decir un piropo'**: ***"he gave her a compliment about her new haircut"***. ¡Ojo! que decimos ***"to give a compliment"*** y no *"to say a compliment"*.

Y para terminar esta sección sobre todo tipo de accesorios, recuerda una diferencia muy importante entre los países hispanohablantes y angloparlantes: los niños en el Reino Unido y EE.UU. no suelen llevar pendientes a veces hasta que tienen casi 16 años. La verdad es que existe un tabú grande contra **'la perforación de orejas'**, ***"ear-piercing"*** en los niños, especialmente en bebés. Algunos piensan incluso que es una barbaridad, ¡cada cultura tiene sus costumbres...! Así que el consejo aquí es que no compres ***"earrings"*** para tu amiga de Inglaterra que acaba de tener un bebé, ¡por si acaso!

6. Lingerie

Lencería

La ropa interior ha evolucionado junto con la historia de la mujer. Es interesante saber que en épocas en que la mujer gozaba de menos libertad, ¡más recatada aún era la ropa interior que usaba! La evolución de la ropa incluye gran variedad de vocabulario: de los **'corsés'**, ***"corsets"*** y **'enaguas'**, ***"petticoats"*** hasta los **'tangas'**, ***"thongs"*** y **'bragas'**,***"knickers"*** de hoy en día. ¡Deberíamos estar muy agradecidas por todas las opciones de las que podemos disfrutar actualmente en las **'tiendas de lencería'**, ***"lingerie shops"***!

Antes de que empecemos a ver todos los tipos de ropa interior que tenemos a nuestra disposición, recuerda que en inglés no decimos *"interior clothes"* sino ***"underwear"***. Hemos visto en la sección de ***"Shopping"*** que a veces pronunciamos la **'u'** como el sonido **/a/** y ésta es una ocasión donde esta regla se aplica: **/ándahueee/**.

"Happiness is the sublime moment when you get out of your corsets at night."

Joyce Grenfell

PISTA AUDIO
11

Vocabulary

BASIC

Size	talla	/sssáis/
Cup-size	talla de copa	/cáp_sssáis/
Shape	forma	/shéip/
Tights●	panties/leotardos	/táitttsss/

INTERMEDIATE

Bra	sujetador	/bráa/
Strap●	tirante	/ssstráp/
Knickers	bragas	/níkee(r)s/
Thong	tanga	/zóng/

ADVANCED

Push-up bra●	Wonderbra	/púsh_ap_bráa/
Padded	con relleno	/pádid/
Under-wired	con aros	/ánda_huáieed/
Cleavage	escote	/clíivvvich/

"Tights" son **'panties'** que cubren de la cintura hasta los pies, pero también existe una palabra para **'medias'** que es ***"stockings"*** y son las que sólo cubren los piernas.

Si ***"strap"*** significa **'tirante'** ¿cómo traducimos **'sin tirantes'**? No decimos *"without straps"*, tenemos otra palabra; ***"strapless"***, **/ssstráplesss/**.

Aunque la gente te entenderá si dices ***"Wonderbra"*** porque es una marca, es mejor usar la palabra ***"push-up bra"***. ***"Push up"*** literalmente significa **'empujar hacia arriba'**. ¡Mira, tienes otro ***"phrasal verb"*** para tu repertorio!

PISTA AUDIO 12

Translation List

Encuentro verdaderamente incómodos los sujetadores sin tirantes.	**I find strapless bras really uncomfortable.**
Esa forma no me queda tan bien como esta otra.	**That shape doesn't suit me as much as this one does.**
Mis bragas favoritas son las de cintura alta (bragas de abuela).	**My favourite knickers are plain black granny pants.**
Siempre llevo tanga si voy a llevar algo ajustado.	**I always wear a thong if I'm wearing something tight-fitting.**
Cuando estuve embarazada aumenté dos tallas de copa.	**When I was pregnant I went up two cup-sizes.**
¿Sabes dónde puedo encontrar un Wonderbra perfecto?	**Do you know where I can find the perfect push-up bra?**
¡Los aros de mi sujetador con relleno se salieron!	**The under-wiring of my padded bra came out!**
Este sujetador me hace un escote mucho mejor que ese otro.	**This bra gives me a much better cleavage than that one.**

¿te acuerdas?

Usamos la estructura de ***"to suit someone"*** para decir que algo queda bien. ¿Y te acuerdas del otro significado de ***"suit"*** que vimos en la sección de ***"Clothes"***? Bien, **'un traje'**.

no olvides

La estructura que usamos para traducir **'tan...como'** es ***"as...as"***, jamás *"as...than"*. Practícalo formando frases con el vocabulario nuevo que hemos visto de ***"underwear"***.

saber más

No quiero insultar a tu abuela, pero así es como llamamos informalmente a esas bragas famosas por la película ***"Bridget Jones"***... ¡***"granny pants"***!

otro consejo

Intenta recordar que cuando estamos comparando dos cosas usamos la conjunción ***"than"*** y no *"that"* para traducir **'que'**.

pronunciation

En inglés usamos muchas palabras francesas para aparentar ser más sofisticados y ¡*"lingerie"* es un ejemplo! Intenta perfeccionar tu imitación de un inglés hablando francés y di /laanchee(r)éi/.

¡Seguro que lo haces mejor que nosotras!

expressions

"A wedgie", ¿sabes lo que es? Te advierto que no es nada elegante, pero es una realidad que va de la mano con usar *"thongs"* o algunos tipos de *"knickers"*. ¡Es cuando la braga va metiéndose hasta donde no debería! También existe la expresión *"to give someone a wedgie"* que es como se llama a la broma de tirar de la ropa interior de alguien hacia arriba hasta que entra en las nalgas... Si alguien te hace eso, seguramente te enfades y entonces podemos emplear otra expresión más de **'bragas'**: *"to get your knickers in a knot/twist"*. ¡Significa**'enfadarse'** o **'volverse loca'**! Practica en voz alta el ejemplo siguiente prestando atención a la pronunciación de *"knickers"* con la **'k'** muda: *"she got her /níkee(r)s/ in a twist when Lucy gave her a wedgie"*. No obstante, si has optado por ir **'sin ropa interior'**, *"to go commando"*, ¡no te pueden hacer nada!

Y como estamos con un tema tan sofisticado ¿por qué no aprovechamos para aprender otra expresión con *"pants"*? Si alguien está muy inquieto y se mueve mucho, ¡usamos el refrán *"to have ants in your pants"*, **'ser un culo inquieto'**!

false friends

El mundo de la ropa interior puede ser complicado, especialmente si comparamos las palabras británicas y americanas. Hemos visto que **'bragas'** en inglés británico son *"knickers"* pero también usamos la palabra *"pants"*. Pero ¡ojo! porque la cosa no termina ahí. Si oyes a alguien en Estados Unidos hablando de *"pants"* no es que esté hablando de ropa interior. Los americanos usan *"pants"* para decir **'pantalones'**(*"trousers"* en inglés británico). ¡Qué confuso!, lo sé. Ellos llaman a los *"pants"* británicos *"panties"*. Y si quieres complicar la cosa aún más, intenta aprender estas palabras para **'calzoncillos'**: *"underpants"*, *"boxers"* y *"briefs"*.

Y para terminar esta sección un último consejo cultural: si tienes pensado viajar a Escocia y esperas ver a alguien llevando puestos **'las faldas escocesas'**, *"kilts"*, recuerda el refrán que dicen los escoceses: *"A true scotsman should wear nothing underneath..."*, **'Un verdadero escocés nunca lleva nada debajo...'**.

7. Conversation

PISTA AUDIO 13

The Shopaholic with Mary Stabb

X: Hello Mary, how are you today?

M: I'm fine, thank you.

X: Have you been... well she couldn't quite fit in the door with all the bags she has surrounding her, with all her purchases... Mary, where have you been?

M: I've been shopping Ximena!

X: I know! It's **a dead giveaway** - all those bags!

"A dead giveaway" 'lo que la delató'

M: I'm a bit of a shopaholic, I have to admit.

X: So you're a self-confessed shopaholic!

M: That's right! A self-confessed shopaholic...

X: She doesn't deny it! She's proud of it, I think!

M: Yeah, I love shopping! Why not?!

X: So, when was the last time you went shopping?

M: Well, I have to say, I actually went shopping this morning...

X: Mary, maybe you're not just a shopaholic. Maybe you have an addiction!

M: I do!

X: This morning? It's a work day!

M: Yes, but I had a bit of free time and actually I needed some new shoes. So I went into a shop and I tried on these beautiful flat shoes, very comfortable but beautiful ones...

X: And what happened!

M: I bought them straight away!

X: Of course... Of course!

M: In fact as soon as I left the shop I put them on.

X: Amazing, so you tried them on, bought them and you put them on.

M: Exactly, and I had to take off my other ones. I was wearing some high heels so I took those off and put on the flat shoes because they were much more comfortable.

X: Mary... you have a problem!

M: I think it's a great reason to buy shoes!

X: I was going to ask about shoes and how many pairs you've got, but first of all I want to ask about how you deal... how you go shopping, like how you focus it: if you have an agenda, if you have a timetable, if you have a goal?

M: Well, I go shopping very often.

X: So, is it a sport for you?

M: It's almost like a sport; it's definitely a hobby, that's for sure. Well, what I do is I always make a list before I go, of all the things I need... And then I go shopping and I completely forget the list and I just buy anything I want.

X: It sounds like the perfect plan!

M: I tend to go shopping at the weekends, obviously, because that's when I have more time, but I especially like to go shopping in the sales.

X: Ok, I was going to say, what happens when I say the word sales?

M: Exactly, I go a bit crazy. I get very excited at the thought of sales, and obviously we have sales a couple of times a year...

X: You need to grab the bargains while they're still there, so... exactly!

M: And I go shopping probably every day during the sales to get those bargains, exactly!

X: So, it is, exactly, more than a sport, a lifestyle Mary.

M: A bit like that yeah, and actually I like going shopping as well. I like going with girlfriends, right, so friends of mine, but I never go with my partner.

X: Ok, why? Why not?

M: Because we always end up **rowing**.

"Rowing" 'peleando'

X: Really? Yeah, the same happens with me.

M: We have arguments; we row a lot, because I want to spend a long in the shops...

X: And he just doesn't understand it, exactly!

M: I think this happens to a lot of couples.

X: It must be something genetic; they have an allergic reaction to the shops. They go into meltdown and they start acting like angry little babies!

M: I just think they're not very interested in shopping.

X: Yeah! Which colour? I literally the other day tried on some eyeliner; showed three options of different eyeliners, and my partner didn't even look, he just said, "Oh, errr, the black one". He didn't even look at my hand! I was like, "This is serious! There's a black one, there's a slightly silvery sparkly one, and there's a slightly greeny-black one!" I ended up buying the black one because it was too stressful not to!

M: Were they all at full price or did you have a discount on either of them?

X: Full price.

M: At full price, so that didn't influence your decision.

X: I'm not very good at finding bargains. Are you?

M: Oh, I love finding bargains!

X: Really?

M: It's hard work, you have to spend a long time, but it just gives me such a good feeling when I find a good bargain.

X: Something half-price, reduced, yeah, no it is good. I'm not very good. I end up, usually buying... if I buy anything in the sales, I take it back because I don't want to queue up for the fitting rooms and then it doesn't fit.

M: It doesn't fit! That can be a big problem.

X: Yeah, do you take a lot of things back? Do you try and refund things or not really?

M: I'm usually too lazy to go back and take things back to the shop to get a refund, I have to say. Yeah, so I tend to just keep it, or maybe, well I keep it if, well you know, if it fits me. And if it doesn't fit me then I'll give it to a friend maybe.

X: Your wardrobe is full of clothes I'm imagining!

M: My wardrobe is **jam-packed**! It is completely full; I have no more space in the wardrobe.

"Jam-packed" 'hasta arriba'

X: And how would you describe your fashion style?

M: Oh, that's interesting, I suppose, I'm smart for work, so I always dress smart to come to work but outside of work I try to be a bit more fashionable, a bit more casual at the weekends, like jeans and trainers.

X: So you've got a mixture of styles, different for when you're at work, and when for when you're not at work. Brilliant, that works; I think it's good to mix things up a bit.

M: I think everyone has a different style for being at home as well. When I'm at home, I always wear baggy trousers, **tracksuit bottoms**, or pyjamas even.

Mira la página 143 para saber que es un ***"tracksuit"***. ***"Bottoms"*** es otra manera de decir 'pantalones'.

X: So you **slob around** a bit at home?

M: Exactly, so something baggy for home, because that's comfortable isn't it?

"To slob around" 'relajarse sin cuidar de la apariencia física'

X: Yeah, no it's true, and well shoes; not always the most comfortable things! What are your favourite types of shoes? Today you bought some flat ones!

M: Yup, and as I said I was wearing high heels this morning.

X: But were they too painful?

M: I have to say, well they weren't too painful, but I was going... I know I'm going to be doing a lot of walking today so I needed these flat shoes as well. I love high heels.

X: I like the word "needed" she puts in there. How many pairs of shoes do you own Mary?

M: Oh, that's good question...

X: I'll take an approximate number.

M: I haven't counted but I would say over 30. Maybe even, if you count boots as well, 35 pairs of shoes. It's embarrassing isn't it?

X: You know the average number is nineteen so you're almost double there. Unbelievable!

M: Yeah, sorry, but you know, I buy my shoes with my own money, so I think that's allowed. Everyone chooses what they want to spend their money on. Some people buy an expensive car, or jewellery or hats for example, and I choose to buy shoes.

X: Brilliant, I like that: "I choose to buy shoes!". So, what type of shoes would you say you've got the most of?

M: Oh, that's a good question, probably flat shoes.

Verás la estructura ***"To splash out"*** en la página 213.

X: Because they're the most practical?

M: Exactly, but then I do have a lot of heels as well.

X: Have you ever **splashed out** on a really expensive pair of heels?

M: That's a good question...

X: I'm asking loads of good questions!

M: I have probably splashed out once maybe on some high heels.

X: On a **designer** pair?

"Designer" 'diseñador'

M: Yeah, on a designer pair but most of them are average price.

X: And would you say that you've

got some shoes that are definitely of questionable fashion now in your wardrobe? Ones that you bought when you... when you were slightly younger and slightly more ambitious; maybe a type of Spice Girl look platforms?

M: No, oh ok, I did have a big fashion mistake when I was younger and I bought some high heeled **clogs**.

"Clogs" 'zuecos'

X: Oh my gosh! Yeah, we were all fashion victims back in the... back in the 1990s, with the Spice Girls.

M: But these were kind of, I think they were fashionable at the time.

X: I don't know...

M: So they're like clogs, right, they're almost wooden shoes, but they had a high heel, like a wedge heel.

X: I'm sure they'll come back into fashion Mary, don't worry.

M: No, I've thrown them away already.

X: Oh no!

M: Well, I was about twelve when I bought them, so...

X: Fashions always come around, remember? I'm sure you could have always dusted them off.

M: Well, they were very uncomfortable as well, so I just didn't want to wear them at all.

X: And your feet might have grown since then.

M: Yeah, that's true!

X: So, what **tips** can you give me to do with accessorising? Something else that's very important with... to do with clothes, and sometimes easy to get wrong.

"Tips" 'consejos'

M: Hmm, that's true. I always accessorise, I have to say, whenever I put on my clothes in the morning, I look for a suitable necklace and earrings to go with it. I don't wear bracelets very often, but necklaces for me, are very important.

X: Ok, would you wear necklaces and earrings? Would you wear them together?

M: Yes, yes, nothing that's too **overpowering**. If you have a very colourful necklace for example, or a big necklace that attracts a lot of attention, then I wouldn't wear big earrings as well. So, I suppose that's a good piece of advice.

"Overpowering" 'abrumador'

X: And what about too many bracelets? Have you got a **pet-hate** against people wearing, you know 60 bracelets on one arm?

"Pet-hate" 'manía'

M: No, no, that's fine...! I mean if they want to do that, that's ok. I generally wouldn't, maybe a few bangles, maybe three or four...

X: But not too many. Well Chanel always said, when you step out of the house, you should remove one accessory. How do you feel about that?

M: Who said that?

X: Chanel, Coco Chanel.

M: Really Chanel? You should remove one accessory?

X: Yeah, because we are often wearing too many. I don't know how to take that.

M: Well, I think she should speak for herself!

X: Brilliant!

M: I think it's also very important... This is a good tip: look in the mirror before you leave the house.

X: That's what she said as well!

M: Look in the mirror because, you know, sometimes it just doesn't work, but if you look at yourself you can see that it doesn't work before you go out of the house and take something off, or maybe change something.

X: And, now underwear, any tips on underwear? I mean, tell the truth Mary, are you matching right now?

M: Oh, I have to think. Yes, I am! I am matching. I don't always match I have to say. So, for me, the most important thing about underwear is wearing the correct underwear according to the clothes you're wearing. Ok, so you can wear big knickers, if you're wearing jeans for example, where they won't show...

X: Big granny pants!

M: Exactly, granny pants; and if they won't show through your trousers.

X: Exactly, because then you get the famous...

M: ...VPL

X: What does that stand for?

M: **Visible panty line.**

"Visible panty line" 'marca de la ropa interior'

X: A big fashion no-no, apparently.

M: Exactly, but if you're wearing leggings, you don't want to wear big granny pants do you? You want to wear probably a thong so that you can't see the line.

X: This is all good advice. I'm going to ... I'm going to check my wardrobe, throw out any old things, check my pants and take your advice Mary! Thank you very much!

M: Thank you!

Test

1 ¿Cómo se dice?

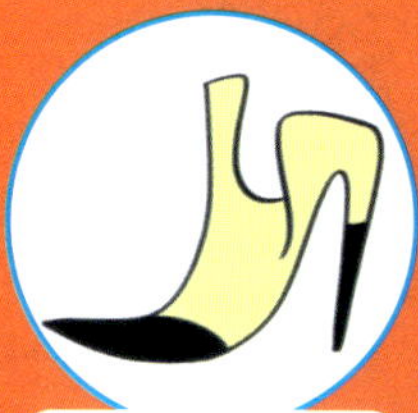

2 ...Amigo falso...

~~"I use a number five"~~

3 ¿Entendiste el audio?

Including boots, how many pairs of shoes does Mary have?

4 Elige la pronunciación correcta

"Jewellery":

/(chll)úualrii/ ☐
/(chll)uuelérii/ ☐

5 Adjective agility

'A rayas'

6 Traduce la expresión:

'Vestido de punta en blanco'

7 Phrasal verb!

'Empujar hacia arriba'

8 Preposition time!

"To roll ___ your sleeve"

Answers

1. Handbag; purse, wallet; high heels
2. I'm a size five.
3. 35 pairs
4. /(chll)úualrii/
5. Stripy
6. Dressed to kill
7. To push up
8. To roll up your sleeve

2.The Workaholic

1. Job searching and Interviews

Buscando trabajo y entrevistas

Nadie dijo que fuera fácil, pero cuando llega la hora de buscar un empleo en **'el mercado laboral'**, *"the job market"*, tienes que ver lo que te ofrecen y estar preparada para **'venderte'**, *"to sell yourself"* más que nunca. Es un reto enorme buscar un trabajo que te guste y que te satisfaga, pero lo que no puedes hacer jamás es *"give up"* (**'rendirte'**), (apúntalo, es uno de mis *"phrasal verbs"* favoritos), porque ¡nunca se sabe lo que te traerá el mañana! Y toma nota de que *"job"* y *"work"* no son exactamente intercambiables. Te ayudará a no confundirlos el saber que *"job"* es un sustantivo contable y normalmente se traduce como **'empleo'** mientras que *"work"*, en el contexto de **'trabajo'** es incontable.

Como bien dice la cita de George Eliot (que, por cierto, es una de las escritoras femeninas más famosas de la historia y escondió su identidad tras un seudónimo masculino para vender más libros), *"It's never too late to be what you might have been"*, **'Nunca es demasiado tarde para ser lo que podrías haber sido'**. Y es verdad, aunque cada **'rechazo'**, *"rejection"* sea un duro golpe y te desanime y las oportunidades no se presenten tal como imaginabas, cuando menos te lo esperes algo surgirá y tendrás la oportunidad de *"to grab the bull by the horns"* (**'coger el toro por los cuernos'**). Así que... ¡lánzate! Como dice el proverbio japonés, *"Fall seven times, and stand up eight!"* (**'¡Cae siete veces y levántate ocho!'**).

> *"It is never too late to be what you might have been."*
>
> George Eliot

PISTA AUDIO 14

Vocabulary

BASIC

Selection process	proceso de selección	/selékshan_prósssesss/
Reference	referencia	/réferensss/
First round	primera ronda	/féest_ráund/
Salary●	sueldo	/sálarii/

INTERMEDIATE

CV●	currículum vitae	/cíi_vvvii/
Advertisement	anuncio	/advvvéetisssment/
Cover letter	carta de presentación	/kúvvve_léte/
Recruitment agency	agencia de empleo	/rekrúutmant_éichansssii/

ADVANCED

Job hunt●	búsqueda de trabajo	/(chll)ób_hánt/
Head-hunter●	cazatalentos	/hhhédhanta/
Unemployment benefit	prestación por desempleo	/anemplóiment_bénifittt/
Successful applicant	candidato seleccionado	/sssuksésssful_áplikant/

También usamos la palabra ***"wage"*** para decir **'sueldo'**. Pero ten cuidado al pronunciar la **'w'** del principio, pues no contiene el sonido **'g'**. Decimos **/huéich/**. ¡Casi como el güei de los mexicanos!

Los americanos usan la palabra ***"resume"*** para decir **'currículo'**. ¡Ojo!: no se pronuncia como el verbo ***"to resume"*** (**'reanudar'**), que es /resiúummm/. ***"Resume"*** es un término que viene del francés y por eso se dice **/résuummé/**, con el acento en la primera sílaba y pronunciando la última **'e'**.

¿Te has fijado en que el vocabulario sobre la búsqueda de trabajo tiene muchos términos del mundo de la **'caza'**, ***"hunting"***? ¿Conoces ***"It's a dog-eat-dog world"***? ¡Significa **'es la ley de la selva'**!

Translation List

PISTA AUDIO 15

¿Viste el anuncio de trabajo que te envié?	**Did you see that job advert• I sent you?**
¿Podrías revisar mi carta de presentación?	**Could you check through• my cover letter for me?**
¿Cómo va la búsqueda de trabajo? ¿Tienes alguna entrevista concertada?	**How's the job hunt going? Do you have any interviews lined up?•**
¿Te importaría si te pongo como referencia en mi curriculum?	**Would you mind if I put you as a reference for my CV?**
Los candidatos elegidos tendrán conocimientos de francés, español e inglés.	**Successful applicants will have a knowledge of French, Spanish and English.**
Ella lleva un tiempo cobrando paro.	**She's been on the dole• for a while now.**
Pasé a la primera fase del proceso de selección en un despacho de abogados americano.	**I got through to the first round of the selection process at an American law firm.**
Un cazatalentos me llamó para preguntarme si estaría interesada en trabajar en Moscú ¡por el doble de mi salario actual!	**A head-hunter called me to ask me if I was interested in working in Moscow for double my current salary!**

¿sabes que...?

Hay varias maneras de decir **'anuncio'** en inglés. Hemos visto ***"advertisement"*** y aquí tenemos ***"advert"***, la versión corta. Se puede reducir aún más y quedarse simplemente en ***"ad"***. Si quieres usar la forma más larga, ten en cuenta que hay dos maneras de pronunciarla: **/advvvéetisssment/** (pronunciación británica) y **/ádvvveetaisment/** (pronunciación americana).

recuerda que

"To check through" significa lo mismo que ***"to look though"***. Los dos equivalen a **'revisar'**.

apúntalo

Toma nota de este ***"phrasal verb" "to line up"***, que tiene varios significados. Físicamente, significa **'hacer cola'** o **'alinear'**, y en este contexto, como ves, se usa en el sentido de **'concertar (una entrevista)'**.

saber más

En el Reino Unido, el ***"Unemployment Benefit"*** tiene un equivalente informal que usamos desde la primera guerra mundial: ***"the dole"* /dz_dóul/**. Decimos ***"to be on the dole"*** y se deriva del ***"phrasal verb" "to dole out"***, que significa **'distribuir limosnas (de comida o dinero)'**.

pronunciation

Vamos a dedicar unos minutos a un sonido IMPRESCINDIBLE en inglés cuando se trata de **'empleos'**. Sí, estoy hablando de la pronunciación de ***"job"***. Aunque parece muy simple, la palabra ***"job"*** es de las que casi ningún español es capaz de decir bien si no se esfuerza mucho. El sonido que buscamos está entre el de una **'ch'** bien suave y el de la **'ll'** de **'llaves'**. Para que te sea más fácil, lo vamos a transcribir con **'(chll)'**. Recuerda que producimos este sonido poniendo la lengua plana en la parte superior de la boca, y que sale de la garganta. Toca la garganta y di /job/, como si se pronunciara con el sonido de una **'j'** del castellano. Ahora trata de pronunciarla de manera correcta: **/(chll)ób/**. ¿Notas la diferencia? ¡Es que es muy difícil! Sigue practicando, ahora con **/(chll)óbhant/**, **/(chll)óbseech/** o **/(chll)ób_éichansssii/**. ¿Y como decimos **'puesto vacante'**? Eso es: **/(chll)óbvvveíkansssii/**, ***"job vacancy"***.

expressions

Si trabajas mucho la palabra ***"job"*** y haces el esfuerzo de pronunciarla como un nativo, seguro que serás ***"the cream of the crop!"***. ¿Puedes adivinar lo que significa esta expresión? Claro que sí: **'lo más granado'**, **'¡la crème de la crème!'** Y si quieres **'ampliar tu abanico de recursos'**, aprende bien la expresión ***"to add another string to your bow"***, que significa precisamente eso, **'ampliar tus recursos'**, aunque literalmente sea **'añadir otra cuerda a tu arco'**. Pero ten cuidado al pronunciar la palabra ***"bow"***, porque cuando significa **'arco'** se pronuncia de manera algo distinta que cuando quiere decir **'reverencia'**: **'arco'**: **/bóu/**, **'reverencia'**: **/báu/**.

Asimilar todos estos dichos raros y trucos de pronunciación requiere algo de paciencia, ¿verdad? Pero también sabemos que **'la paciencia es una virtud'**, ***"patience is a virtue"***, así que, si la tienes, ¡ponlo en tu ***"CV"***!

false friends

Terminamos la sección de **/(chll)óbseeching/** y ***"Interviews"*** hablando de un error muy común que puede dar lugar a confusión, sobre todo si eres tú el que está convocando la entrevista. A ver, ¿cómo traducirías esta frase? **'¿Podrías asistir a una entrevista el martes?'**. ¿Qué has dicho? *"Could you assist at an interview on Tuesday?"*. ¡Noo! El verbo **'asistir'** no tiene el mismo significado que ***"to assist"***, que significa **'ayudar'**. La persona a quien llamas se va hacer un lío preguntándose por qué quieres que te ayude a hacer una entrevista. Apréndete bien la estructura: ***"Could you attend an interview on Tuesday?"*** ¡Mucho mejor! Y si te llaman para hacer una **/(chll)óbintervvviú/**, recuerda que los 60 primeros segundos son fundamentales. **'No llegues tarde'**, ***"don't be late"***, **'da un firme apretón manos'**, ***"shake hands firmly"*** (¡al menos si estas en un país angloparlante!), **'sonrie'**, ***"smile"***, y di claramente y con una pronunciación perfecta: ***"Nice to meet you"***, **/naísss_tuu_míittt_iu/**. ¡Muy bien!

2. First day at the office

Primer día en la oficina

Ok, *"improving the world"* (**'mejorar el mundo'**), tal vez sea mucho pedir para el primer día en la oficina, pero podemos ser optimistas y pensar al menos que en este trabajo vamos a marcar la diferencia. Pero claro, ¡una vez que hayamos vencido a los nervios! Desde que te enteraste de que *"you're hired"* (**'estás contratado'**) (no caigas en el espanglish *"contracted"*, que no suena nada natural), te has dado cuenta de que tu rutina diaria va a cambiar. Quizás has estado *"jumping for joy"* (**'saltando de alegría'**), o puede que *"you're quaking in your boots"* (**'te tiemblen las piernas'**) por la idea de que perderás tu libertad, pero eso no te puede distraer de una cosa muy importante: el primer día en un trabajo tienes que **'causar una buena impresión'**. ¿Cómo decimos esto en inglés? No habrás pensado *"to do a good impression"*, ¿verdad? En este caso traducimos **'hacer'** con *"to make"*. Quiero que *"you make a good impression on me"* y empieces a hacer una lista con dos columnas, una para *"do"* y otra para *"make"*, porque a lo largo de este libro vas a ver muchos ejemplos diferentes con cada uno de estos verbos. Y ahora al ataque, ¡tienes mucho trabajo por delante!

> "How wonderful it is that nobody need wait a single moment before starting to improve the world."
>
> Anne Frank

Vocabulary

PISTA AUDIO 16

BASIC

Nervous	nervioso/a	/nérvvvusss/
Punctual	puntual	/púnktiual/
Reception	recepción	/ressséspshannn/
Main Office	oficina principal	/méin_ófisss/

INTERMEDIATE

Reliable	digno de confianza/ responsable	/relaíabal/
Responsible for	responsable de	/respónsabal_fóo/
To be in charge of	estar a cargo de	/tuu_bii_in_cháach_óvvv/
Office politics	política de la oficina	/ófisss_pólitiksss/

ADVANCED

Eager	entusiasta	/íiga/
Keen	tener muchas ganas	/kíinnn/
To log on	conectarse	/tuu_lóg_ónnn/
To set up	establecer/crear	/tuu_séttt_áp/

En el caso de que estés nerviosa por algo que te asusta o de que te entre el miedo escénico, está bien que uses el adjetivo ***"nervous"***. Pero ¡ojo!, porque ***"nervous"*** tiene connotaciones negativas. Es decir, no podemos estar ***"nervous"*** por algo emocionante; en ese caso diríamos ***"excited"***, que, a diferencia de **'excitada'**, es un término muy neutral en inglés.

Es hora de aprender nuevas preposiciones. Primero, recuerda que no decimos *"on charge of"*, sino ***"in charge of"***. Y ahora responde sin mirar: ¿cuál es la preposición que acompaña a ***"responsible"***? Por ejemplo, traduce: **'Él es el responsable del departamento'**: *"He is responsible of the department"*? ¡¡¡Imposible!!! Repítelo 50 veces para que nunca se te olvide: ***"Responsible for"***, ***"Responsible for"***, ***"Responsible for"***, ¡***"Responsible for"***!

El ***"phrasal verb"*** ***"to set up"*** tiene muchos significados. Si lo queremos usar como equivalente de **'crear'** una cuenta a un usuario de ordenador, diremos ***"to set up an account"***. Además, lo podemos utilizar para decir **'montar'** algo, como por ejemplo una carpa, y también para traducir **'instalar'** y **'fundar'**. ¡Ah!, y ***"to set someone up"*** significa **'tender una trampa a alguien'**. ¿Has visto? ¡Que dos pequeñas palabras más útiles!

Translation List

PISTA AUDIO 17

Es esencial llegar puntual tu primer día de trabajo.	**It's essential to be punctual on your first day of work.**
Por favor, informe a recepción a las 9 de la mañana.	**Please report to reception at 9 a.m.**
Por favor, enseñe a la Señorita Smith la oficina principal.	**Please show Ms. Smith around the main office.**
El Señor Giles está a cargo de este departamento y la Señora Rawlings del otro.	**Mr. Giles is in charge of this department and Mrs. Rawlings of the other one.**
La Srta. Jennings es la responsable del departamento de RR. HH.	**Miss Jennings is responsible for the HR department.**
Estoy muy interesada en vivir nuevas experiencias y ¡estoy deseando empezar!	**I am very keen to gain new experiences and I'm eager to get started!**
Primero, necesitamos que crees una cuenta y después puedes acceder con tu nueva clave.	**First, we need you to set up an account and then you can log on with your new password.**
Con el paso del tiempo, las políticas de la oficina serán más claras.	**As time goes by, the office politics will become more apparent.**

¡ojo!

La pronunciación de esta palabra no es igual que en castellano: no es /puntuál/, sino **/púnktiual/**. Intenta recordarlo y así, cuando lo digas, **'¡causarás una primera impresión aún mejor!'**, ***"you'll make an even better first impression!"***.

saber más

Este ***"phrasal verb"*** se usa mucho cuando vas a guiar a alguien o cuando vas a mostrar diferentes partes de un edificio, complejo o área. Puedes ***"show people around your house"***, ***"show people around the office"***, ***"show people around the complex"***. Lo usamos incluso para decir ***"to show people around the city"***.

recuerda

"HR" es nuestra manera de referirnos a **'RR. HH.'**. Sabiendo esto, ¿puedes adivinar lo que significan las siglas ***"HR"***? ***"Human Resources"***, pronunciado **/hhhiúmannn_resóosssis/**.

no olvides

Aunque en español se suele decir **'con el paso del tiempo'**, no traduzcas literalmente al inglés: *"with the passing of time"*. ¡Eso parece salido de una obra de Shakespeare! Decimos ***"As time goes by"***.

pronunciation

Eres *"keen"*, eres *"responsible"*, claro que sí, así que hazte **'responsable'** de tu pronunciación y perfecciona de una vez por todas las palabras terminadas en **'able'** o **'ible'**. En este capítulo hemos visto dos adjetivos fundamentales que las contienen: *"responsible"* y *"reliable"*. En ambas, aunque contienen vocales distintas delante de **'ble'**, la terminación suena igual: **/abal/**. Esfuérzate a partir de ahora y di siempre **/respónsabal/** y **/relaíabal/**. ¿Te acuerdas de cuál es el sonido **'a'** que vimos hablando de *"money"* y *"refunds"*? ¡Está entre una **'a'** y una **'u'** del castellano! Piensa en las dos letras, pero intenta hacer un sonido más corto, formándolo en el fondo de la boca. ¡Venga, más práctica!: **/respónsabal/**, **/relaíabal/**.

expressions

Entonces eres *"responsible"*, eres *"reliable"*, incluso no sería raro que, como es tu primer día en el trabajo, ¡también estés *"scared stiff"*! *"To be scared stiff"* significa **'estar paralizado de miedo'** y ¿te acuerdas de la otra expresión que hemos visto en la introducción? *"To be quaking in your boots"*, ¡literalmente, **'estar temblando en las botas'**! Le pasa a todo el mundo, desde los **'becarios'**, *"interns"*, hasta los *"bosses"*, **'jefes'**. Aunque *"they pay you peanuts"*, que es nuestra manera informal de decir que **'te pagan muy poco'** (la traducción literal es **'te pagan cacahuetes'**), todos al principio, todos sin excepción, queremos mostrar que somos *"a keen bean"*, **'una alubia con muchas ganas'** o *"an eager beaver"*, **'un castor entusiasta'**. ¡Qué comparaciones más raras usamos los ingleses para decir **'trabajador diligente'**!

Y después de que *"they have shown you around"*, es hora de que *"they show you the ropes"*. Esta es una expresión muy buena que tiene su origen en el mundo de la navegación y hace referencia al momento en el que los marineros aprenden a usar las cuerdas del barco. Su equivalente en castellano sería **'poner a alguien al corriente'**.

Sólo diría esto si se trata de un nombre poco común, quedaría un poco raro decírselo a alguien que se llame *"María"*...

ice breakers

En nuestro primer día de trabajo es necesario que **'rompamos el hielo'**, *"we break the ice"*, con nuestros nuevos colegas. Así que ahora vamos a ver algunas maneras de hacerlo:

"How are you doing?" - **'Qué tal?'**

"What a lovely name! Where's it from?"● - **'Qué nombre más bonito. ¿De dónde es?'**

"How long have you worked here?" - **'¿Cuánto tiempo llevas trabajando aquí?'**

Y aunque dicen que *"flattery won't get you anywhere!"*, **'los halagos no te llevarán a ningún lado'**, siempre puedes romper el hielo con uno como éste:

"What lovely earrings!" - **'¡Que pendientes más bonitos!'**

3. Different personalities

Personalidades distintas

"You can choose your friends, but you can't choose your family" dice el refrán, y es cierto: aunque puedes elegir a tus amigos, no puedes elegir a tu familia... ¡ni a las personas con las que trabajas! Pasas casi más tiempo con tus compañeros de trabajo que con tu familia, ¡y vaya surtido de caracteres puede coexistir bajo el mismo techo de trabajo! Antes de explorar el ***"pot pourri"*** (**'popurrí'**) de personalidades que se puede encontrar en cada ***"workplace"*** (**'lugar de trabajo'**), necesitamos refrescar una regla gramatical básica. Dominar el término ***"like"*** y sus distintos usos no es nada fácil.

"I like..." ya lo tenemos, ¿verdad? **'Me gusta'**, pero si añadimos el verbo ***"to be"*** delante ya significa otra cosa. Si alguien te hace la pregunta ***"What is your boss like?"***, te está preguntando: **'¿Cómo es el carácter de tu jefe/a?'**. Y hay más: si luego te pregunta ***"What does your boss look like?"*** con el verbo auxiliar ***"do"*** y ***"look"*** antes de ***"like"***, quiere saber **'cómo es tu jefe/a físicamente'**.

Y ahora, ¿cómo respondemos a estas dos preguntas? *"She is like..."*, ¡no! *"He looks like..."*, ¡tampoco! A no ser que vayas a compararles directamente con otra persona, estas dos preguntas se suelen contestar recurriendo al verbo ***"to be"***: ***"He/She is nice/funny/tall/young..."*** o si hablas del aspecto físico también puedes usar ***"to have"*** (Americano) o ***"to have got"*** (Británico): ***"He/She has/got brown hair..."***. Muy bien, apúntate estas dos estructuras y prepárate para un poco de exploración psicológica en inglés...

> "I've learned that people will forget what you said, people will forget what you did, but people will never forget how you made them feel."
>
> Maya Angelou

PISTA AUDIO 18

Vocabulary

BASIC

Attitude	actitud	/átitiuud/
Personality	personalidad	/persssonálitii/
Team player	colaborador	/tíimmm_pléhie/
Eccentric	excéntrico	/eksssséntrik/

INTERMEDIATE

Indecisive	indeciso	/indesssaísivvv/
Narrow-minded	estrecho de miras	/naroú_mmmaíndiddd/
Self-confident	seguro/a de sí mismo/a	/ssséIf_kónfidanttt/
A joker	bromista	/(chll)óuke/

ADVANCED

To get on	llevarse bien	/tuu_gét_ónnn/
Sulky	malhumorado	/sssúlkii/
Selfish	egoísta	/sssséIfish/
Easy-going	de buen trato	/íisii_góuing/

Aunque se parezcan, ***"attitude"*** y **'actitud'** no son iguales, ¡así que no intentes colar una **'c'** donde no toca! Dilo así: **/átitiuud/**.

Ahora veamos los antónimos de estos adjetivos, ¿cuáles son? ***"Decisive"*** y ***"open-minded"*** son ***"easy peasy"*** (**'fáciles'**). Sin embargo los demás no son tan evidentes. El contrario de ***"self-confident"*** es parecido a su equivalente en castellano, **'inseguro'**, en general utilizamos más ***"insecure"*** que ***"unconfident"***. ¿Y cuál será el antónimo de ***"a joker"***? Pues ***"a bore"*** (**'un aburrido'**).

Otra descripción positiva para compensar tantos adjetivos negativos es ***"to be down-to-earth"***, que significa que alguien está **'centrado'**, o más literalmente, que **'tiene los pies en la tierra'**. Y no te olvides de los **'guiones'** de separación, ***"hyphens"***, ¡que son necesarios!

Translation List

PISTA AUDIO 19

Hay tantos tipos de personalidad diferentes en mi oficina.	**There are so many different personality types in my office.**
Describiría a mi jefe como excéntrico. ¡Es bastante bromista!	**I would describe my boss as... eccentric. He's quite the joker!**
Tiene una mente muy cerrada y nunca estamos de acuerdo.	**She's so narrow-minded and we never see eye to eye.**
Es un placer trabajar con alguien tan fácil de tratar y tan trabajadora como tú.	**It's such a pleasure to work with someone so easy-going yet hard-working like you.**
No nos llevamos nada bien. Él dice que soy indecisa y yo creo que él es un egoísta.	**We don't get on at all. He says I'm indecisive and I think he's selfish.**
¿Por qué está ese chico siempre tan malhumorado y es tan antisocial?	**Why is that guy so sulky and anti-social all the time?**
¿Yo, mandona? ¡Nunca! ¡Solo sé que sé lo que es mejor!	**Me, bossy? Never! I just know I know what's best!**
¿Cómo es ella? Es una persona con confianza en sí misma, hace equipo y tiene una buena actitud.	**What's she like? She's a self-confident team player with a good attitude.**

saber más

¿Hay algo que te parezca raro en esta frase? ¡Bien! Pero en este caso no se trata de un error gramatical. Lo que pasa es que en inglés usamos ***"quite the..."*** en un sentido enfático, para decir que algo es más de lo normal, ¡para bien o mal!

reto

Esta es una expresión que no puedes dejar de usar pues le vendrá muy bien a tu inglés. Repítela hasta que te salga de manera natural: ***"to see eye to eye"***, (literalmente, **'ver ojo a ojo'**). Es mucho más divertido que decir ***"to agree"*** que es la traducción más común de **'estar de acuerdo'**.

¡importante!

A los ingleses nos gusta usar los **'guiones'**, ***"hyphens"*** en los adjetivos compuestos como en el caso de ***"hard-working"***. Y como tú eres muy **'trabajadora'**, escribe cinco frases usando los adjetivos que hemos visto en esta sección.

recuerda que

Usamos ***"guy"*** en situaciones informales para decir **'chaval'**. Mucho cuidado con la pronunciación por favor, ¡es muy fácil decir mal esta palabra! /Gáy/ ¡no! Es **/gaí/**.

pronunciation

Puedes ser una persona *"anti-social"* o *"a social butterfly"* (**'alguien muy sociable'**) pero aquí tu carácter no importa, ¡sólo tú pronunciación! La palabra *"social"*, como se escribe igual que en castellano, algunos estudiantes se equivocan y la pronuncian con el sonido de una **'c'** en vez del sonido **'sh'**: **/sóushal/**. Practícala repitiendo *"anti-social"* y *"a social butterfly"* hasta que la tengas dominada. Otra palabra que también se pronuncia con el sonido **'sh'** (aunque en este caso, mucho más suave) es *"pleasure"*. Para pronunciarla, imagínate que las letras **'su'** se dicen tan suaves que casi no se oyen: **/plé(sh)e/**. ¡Mucho mejor!

expressions

Ya tenemos dominada la pronunciación de *"social"*, por lo que estás preparada para ser introducida en el concepto de *"social climber"*. Suele tener connotaciones negativas, dado que se suele usar para describir a alguien más interesado en **'subir en la escala social'** que en desarrollar verdaderas relaciones y amistades. Pero ahora volvamos a tu jefe, *"the joker"*, a veces tan *"eccentric"* que roza a veces el *"crazy"*. En inglés tenemos la expresión perfecta para decir que alguien está **'más loco que una cabra'**, y es *"to be as mad as a hatter"*. En el siglo XIX los artesanos de sombreros usaban mercurio para su fabricación, y la exposición a este componente les provocaba a largo plazo muchos problemas neurológicos como temblores y una timidez patológica, por lo que les consideraban locos. Para acordarte de la frase piensa en el *"Mad hatter"*, papel que interpreta Johnny Depp en la película *"Alice in Wonderland"* (**'Alicia en el país de las maravillas'**). Aunque no se trate de tu jefe en concreto, ¡siempre hay al menos una persona un poco loca en cada oficina!

Además del *"Social climber"* y el *"Mad hatter"*, existe la figura de *"The good egg"*, la persona estable con quien puedes tomar un café y escapar un poco de toda la locura que hay dentro de la oficina. Cuando encuentres **'un buen huevo'**, o mejor traducido, **'una buena persona'**, ¡trátala bien, porque seguro que a la larga te ayudará a conservar tu salud mental!

did you know?

Existe la palabra *"bossy"* aunque se está convirtiendo en un tema polémico gracias a una nueva campaña en internet cuyo objetivo es borrarla del diccionario ¡Hasta Michelle Obama, Victoria Beckham y Beyonce la han apoyado! *"Bossy"* significa **'mandona'** y quizás no te parezca excesivamente ofensiva... El problema surge en que se suele utilizar para describir sólo a mujeres y por eso su uso se tacha de *"sexist"* (**'sexista'**). Por cierto, en inglés no decimos que un hombre es *"macho"* para expresar que es un **'machista'**, sino que recurrimos a la palabra más complicada: *"chauvanistic"*, **/shouvvvanístik/**, otro término con el sonido **'sh'** escondido.

4. Day-to-day at the office

Día a día en la oficina

"The daily grind", **'el trajín diario'** es difícil de evitar a no ser que huyas a Tombuctú o seas un actor famoso y te hayan pagado una fortuna por grabar una película en Hawai. Sin embargo, hasta Denzel Washington reconoce que *"in any profession, it gets to be a grind"* (**'en cualquier profesión, se llega a la monotonía'**), ¡uh, oh!.. Bueno, mientras pensamos en un *"Plan C"* y se nos ocurre la solución perfecta para transformar *"the grind"* en *"greatness"*, nos vamos a centrar en las cosas pequeñas que ocurren un día en la oficina, por ejemplo: *"walking to the photocopier"* (**'ir al fotocopiadora'**), *"attending a meeting"* (**'asistir a una reunión'**) o lo más importante, *"the coffee run!"* (**'¡las escapadas a tomar café!'**). Aunque cada trabajo es distinto, todos comparten algunos elementos comunes: *"there are good days, and there are bad days"* (**'hay días buenos y días malos'**), *"there are deadlines for tomorrow, and there are deadlines for yesterday!"* (**'¡hay plazos de entrega para mañana y plazos de entrega para ayer!'**). De todas formas, cuando todo se te viene encima, debes recordar una cosa fundamental: *"there is always tomorrow"*. Porque lo mejor que podemos hacer es volverlo a **'intentar'**, *"to try"*, así que repite en voz alta: *"I will try again tomorrow"*.

"Courage doesn't always roar. Sometimes courage is the quiet voice at the end of the day saying, "I will try again tomorrow."

Mary Anne Radmacher

PISTA AUDIO 20

Vocabulary

BASIC

Conference call	conferencia telefónica	/kónferansss_kóol/
Business card	tarjeta de presentación	/bísnisss_káaddd/
Photocopier	fotocopiadora	/fóutoukopie/
Coffee run	escapada a tomar café	/kófi_rán/

INTERMEDIATE

Clientele	clientela	/klaientél/
To call a meeting	convocar una reunión	/tuu_kóol_a_mmmíiting/
Proposal	propuesta	/propoúsal/
Budget	presupuesto	/bádchittt/

ADVANCED

Filing cabinet	archivador	/faíling_kábinettt/
Deadline	fecha límite/plazo de entrega	/dddédlainnn/
Ballpark figure	cantidad aproximada	/bóolpaak_fíge/
Seal of approval	aprobación	/ssíil_óvvv_apruúvvval/

¡Ay las fotocopiadoras y los problemas que traen!: **‘No hay suficiente papel’**, ***“There’s not enough paper”***, **‘no hay suficiente tinta’**, ***“there’s not enough ink”***, ¡y yo no tengo suficiente ***“patience”***, **/peíshansss/**! Recuerda que también se usa la palabra ***“toner”*** (**‘tinta’**), como en español.

Si eres tú el encargado de **‘convocar una reunión’**, ¿por qué no varías un poco tu vocabulario? Un día puedes ***“call a meeting”***, otro día puedes ***“hold a meeting”*** y el tercer día puedes ***“run a meeting”***. Pero, ¡ojo!, porque hay una ligera diferencia entre las tres opciones: mientras que ***“to call”*** es **‘convocar’**, ***“to hold”*** puede ser **‘convocar’** o **‘tener’**, y ***“to run a meeting”*** significa **‘estar a cargo de la reunión’**.

Si **‘un archivador’** es ***“a filing cabinet”***, ¿cómo se dirá **‘un archivo’**? ¡Fácil!: ***“a file”***. Y el verbo **‘archivar’** es igual de fácil, pues los ingleses somos gente sencilla (¡a veces!) y decimos ***“to file”***.

PISTA AUDIO 21

Translation List

La fotocopiadora está atascada de nuevo.	**The photocopier is jammed again.**
Siempre salimos a tomar café alrededor de las 11.	**We always go on a coffee run at about 11 a.m.**
Los archivadores están al otro lado de la oficina, pasado recepción.	**The filing cabinets are at the other end of the office, past reception.**
La señorita Franklin ha organizado una reunión con el cliente para hablar del presupuesto.	**Ms. Franklin has called a meeting with the client to discuss the budget.**
La nueva propuesta afectará a nuestra clientela considerablemente.	**The new proposal will affect our clientele considerably.**
¿Me puedes decir una cantidad aproximada de lo que piensas que costará el transporte?	**Can you give me a ballpark figure for what you think the cost of the transport will be?**
Mantuvimos una conferencia telefónica con ellos y dieron su aprobación.	**We held a conference call with them and they gave their seal of approval.**
Tenemos una fecha límite que respetar, así que ten listas las tarjetas de visita.	**We've got a deadline to meet, so have your business cards ready.**

lógica

¿Sabes lo que significa ***"a traffic jam"***? **'Un atasco'**. ¡Bien! Entonces si decimos que algo ***"is jammed"***, otra vez la lógica prevalece y significa que **'está atascado'**.

recuerda que

Aunque ***"more or less"*** no es incorrecto, suena mucho más natural usar ***"about"*** o ***"around"*** para decir **'más o menos'** o **'alrededor de'**. ¡Practícalos!

repítelo

"A client is someone who buys a service, a customer is someone who buys a product", así no olvidarás que en inglés hay dos maneras de decir **'cliente'**.

saber más

Si usas esta frase en la próxima reunión, seguro que ganarás puntos. Es una manera informal pero muy extendida de decir **'una cantidad aproximada'**, y existe una teoría que dice que esto viene de los ***"baseball ball parks"*** (**'estadios de béisbol'**) de los EE. UU. Como los comentaristas no eran capaces de calcular exactamente cuánta gente iba a ir, se dice que estimaban un número aproximado: ***"a ball park figure"***.

pronunciation

Imagínate que tu departamento tiene que **'contratar'**, *"to hire"*, nuevos empleados y después de *"a good interview"*, intentas decirle al candidato elegido: *"You're hired"*. Aquí es donde debes tener cuidado, porque si no pronuncias bien la **'d'** al final de la palabra, no va a saber distinguir si está contratado o si simplemente sube **'más arriba'**, *"higher"* en la lista. Muchos estudiantes tienen problemas para pronunciar bien el sonido **'d'** al principio y al final de palabras, como *"day-to-day"*, *"deadline"* y *"card"*. Practícalas, exagerando el sonido **'ddddd'** para que quede perfectamente claro lo que quieres decir: **/dddeí_tuu_deí/**, **/dddédlainnn/**, **/káaddd/**.

expressions

'Trabajo, trabajo, trabajo', *"work, work, work"*, ¡parece que es imposible desconectar! Incluso a veces vuelves a casa y sigues trabajando... Si te sientes identificado con esta situación, este refrán te viene como anillo al dedo: *"to burn the candle at both ends"*. Es una muy buena expresión pero con cierta connotación negativa. Significa **'trabajar de sol a sol'** y para recordarla visualiza una vela quemándose por los dos lados. Todos nos sentimos así a veces, cuando estamos *"swamped"* o *"bogged down"* de trabajo (otras dos expresiones visuales que literalmente significan **'empantanado'**) y no hay suficientes horas en el día. Pero un día a lo mejor vamos a *"make a killing"* (**'forrarnos'**) y todo merecerá la pena, ¡¿verdad?!

Otra expresión muy negativa que se oye a menudo cuando se habla de mujeres en el trabajo es *"to hit the glass ceiling"*. Lo que implica es que hay un techo de cristal invisible que evita que las mujeres asciendan por encima de cierto cargo en un trabajo. Cada empresa es distinta pero si ves esa barrera de vidrio, por favor ¡rómpela por todas nosotras!

know more...

Parece que el mundo laboral trae muchos problemas: estrés, sexismo... ¡y ni siquiera hemos empezado a hablar de los **'despidos'**, ***"redundancies"***, o de las ***"strikes"***! ¿Sabes cómo se dice **'hacer huelga'**?, ***"to go on strike"*** o directamente ***"to strike"***, porque también funciona como un verbo. ¿Y los **'huelguistas'**? son ***"strikers"***. También tenemos que aclarar la diferencia entre ***"to be made redundant"*** y ***"to be fired"***. Los dos significan **'ser despedido'**, pero ***"to be fired"*** tiene la connotación de que fue culpa del empleado, mientras que ***"to be made redundant"*** se debe a motivos económicos de la empresa.

Pero ¡espera un segundo! No podemos terminar esta sección con cosas tan negativas y conflictivas... Apúntate cómo decimos **'baja de maternidad'**: ***"maternity leave"***, pronunciado **/mmmatéenitii_líivvv/** o lo que significa ***"holiday pay"*** (**'paga de vacaciones'**). Y ahora vamos a inyectar un poco de optimismo, que es lo que falta aquí: ***"Drumroll, please"*** (**'redoble de tambor, por favor'**): ***"You've been promoted!"*** (**'¡Has sido ascendido!'**). Si has leído desde el principio hasta aquí, has visto más de 130 palabras en inglés y ya seguramente estarás ascendiendo a otro nivel de inglés... ***"Congratulations!"***.

5. Telephoning

Llamadas de teléfono

Imagínate una vida sin teléfono. Difícil, ¿no? ¿Cómo concertarías una cita con el médico? ¿Cómo quedarías con los amigos? ¿Cómo viajarías en el metro sin refugiarte en el móvil? Hoy estamos conectados 24 horas al día con las **'llamadas'**, ***"calls"***, **'contestadores'**, ***"answering machines"*** y los **'mensajes'**, ***"messages"***. ¡No hay manera de escapar! La verdad es que dependemos del teléfono que nos resulta muy útil pero que nos puede debilitar a la vez. Con el móvil en nuestras manos sentimos que todo está a nuestro alcance, ¡pero quizás al precio de ser menos sociables! ¿A quién no le ha pasado cenar con un amigo/a y con su móvil?

Sí, los teléfonos son ***"a necessary evil"*** (**'un mal necesario'**). Gracias a ellos, te ahorras mucho en viajes, especialmente si tienes algún negocio en el extranjero, así que no nos podemos desprender de ellos. Y justamente por eso, otro ***"necessary evil"*** es saber hablar bien por teléfono en inglés. En este capítulo vamos a explorar los elementos imprescindibles acerca de la comunicación telefónica y por eso, tenemos que empezar desde cero. Puede que parezca obvio, pero es esencial que sepas empezar una conversación en inglés con un ***"Hello"***. Si contestas el teléfono con un *"Tell me"* (**'Dime'**) o *"Yes?"* (**'¿Sí?'**), van a pensar que se han equivocado de número o algo peor: ¡que eres una maleducada! Es una diferencia fundamental entre los dos culturas, así que cuando veas que te llama un número que empieza por +44, prepárate para coger el teléfono con un ***"Hello"***, ***"Good morning"***, ***"Good day"***, ***"Good afternoon"***, ***"Good evening"***... ¡cualquier cosa menos un *"Tell me"*!

> *"This was before voice mail, recorded phone messages you can't escape. Life was easier then. You just didn't pick up the phone."*
>
> Joyce Carol Oates, *Beasts*

PISTA AUDIO 22

Vocabulary

BASIC

It's X	Soy X	/ítsss_X/
Good morning●	Buenos días	/gúd_mmmóoninggg/
Could I speak to Y, please?	¿Puedo hablar con Y, por favor?	/cúd_ai_ssspíik_tuu_Y_plíis?/
You're welcome	De nada	/íoo_huélkummm/

INTERMEDIATE

To be engaged●	estar comunicando	/tuu_bii_engéichd/
To pick up	coger	/tuu_pík_áp/
To put down	colgar	/tuu_pút_dáunnn/
To dial	marcar un número	/tuu_dáial/

ADVANCED

On hold●	en espera	/ón_hhhóuld/
To put through	pasar con	/tuu_pút_zrúu/
Crackly	con interferencias/ruido	/cráklii/
Mishear	escuchar mal	/mmmishíia/

No te precipites sacando el champán cuando oigas que alguien ***"is engaged"***. Aparte de tener el significado de **'estar comprometido'**, también quiere decir que una línea **'está comunicando'**, ¡algo mucho más aburrido!

Los conceptos de ***"afternoon"***, ***"evening"*** y ***"night"*** son algo complicados de entender para una española acostumbrada a la vida más mediterránea. A partir de las 12 del mediodía ya no es ***"the morning"***, sino ***"the afternoon"*** (**'la tarde'**), eso lo tenemos claro. Cuando llegan las 18:00, ya hablamos de ***"the evening"***, **'¡la tarde tarde!'**. Y la **'noche'** empieza pronto, a partir de las 20:30 más o menos, muchos ingleses consideran que ya es ***"night"***.

Hay varias maneras de usar esta expresión. Con el verbo ***"to be"*** significa **'estar en espera'**; por ejemplo: ***"I've been on hold for five minutes"***. Pero si la situación es al revés y eres tú el que controla si alguien está en espera o no, puedes insertar el verbo ***"to put"*** delante y decir: ***"I'll put you on hold"***. También se puede decir ***"Hold the line, please"***.

Translation List

PISTA AUDIO 23

Hola, Tania al habla. ¿En qué puedo ayudarle?	**Hello, Tanya speaking. How can I help you?**
Hola, soy Matilda. ¿Podría hablar con Greg, por favor?	**Hi, it's Matilda. Could I speak to Greg, please?**
Un segundo por favor. Le pondré en espera.	**One second, please. I'll just put you on hold.**
¡No me lo puedo creer! ¡Me ha colgado!	**I can't believe it! He hung up on me!**
La línea tiene muchas interferencias, lo siento, es difícil entender lo que usted dice.	**The line is really crackly, sorry, it's hard to catch what you're saying.**
Lo siento, no he escuchado bien. ¿Ha dicho que su número era +44 7763 849 132?	**Sorry, I misheard that. Did you say your number was +44 7763 849 132?**
¡Ha estado comunicando toda la mañana y ahora no coge el teléfono!	**He's been engaged all morning and now he's not picking up the phone!**
¡Marqué el número equivocado y contacté con Japón!	**I dialled the wrong number and got through to Japan!**

¡importante!

Aparte del ***"Hello"*** básico, hay algo que debes tener en cuenta para el principio de una conversación en inglés. Aunque **'Soy X'** se traduce como ***"I'm X"***, para un angloparlante decir eso por teléfono resulta muy raro. Usamos ***"It's X"*** o ***"X speaking"***, y reservamos ***"I'm X"*** para las presentaciones cara a cara. Por otro lado, ***"X speaking"*** se suele usar en atención al cliente, donde las conversaciones son bastante impersonales y los interlocutores no se conocen.

saber más

El ***"Phrasal verb" "to put down"***, que significa **'colgar'**, en el contexto de una llamada telefónica no suele resultar ofensivo. Sin embargo, ***"to hang up"***, que significa lo mismo, es usado muchas veces de manera mucho más negativa: ***"He hung up on me!"***

recuerda que

Si quieres parecer muy ***"British"***, apréndete esta frase: ***"I can't / couldn't quite catch what you were saying"***. Es una manera formal de decir **'No he podido entender lo que estabas diciendo'**.

¡otro phrasal verb!

"To get through to" en este caso significa **'contactar con'**. Practícalo formando distintas frases: ***"I couldn't get through to Sean"***, ***"I tried to get through to the bank but they were engaged"***, etc.

pronunciation

Tenemos los principios dominados, ¿verdad? ***"Hello, it's X"*** o ***"Good morning, X speaking"***. Pero ¿qué pasa con las terminaciones? Hemos dedicado algo de tiempo en esta sección a las palabras terminadas en **'ble'** y aquí vamos a practicar con algunas palabras acabadas en **'ing'**. Aunque no sean demasiado difíciles de pronunciar, a los estudiantes de inglés les cuesta pronunciar con claridad el final de la palabra. Entonces, ***"pick up the phone"*** y practica ***"Good /móoninggg/, X /ssspíikinggg/!"***, ***"Good /íivvvninggg/, I'm /kóolinggg/to..."*** y ***"keep /tookinggg/"*** hasta que oigas claramente ese sonido **'inggg'**.

expressions

"Ring, ring, ring, ring...", ***"Yes, o sea... hello"***, ***"Hello, It's X, I'm calling on behalf of John"***, ***"Pardon?"***, (**'¿Perdón?'**), ***"I'm calling on behalf of John!"***. ¿Llamando detrás de John? ¿Llamando la mitad de John? ¡¿Qué?! Este es uno de esos momentos de una conversación telefónica en los que no entendemos algo, perdemos la confianza y somos incapaces de recuperarnos y pasar de ese punto de la conversación. En inglés usamos el símil ***"like a deer caught in headlights"***, que literalmente significa **'como un ciervo paralizado ante los faros de un coche'**, para describir esos momentos en los que **'te quedas atascado'**. Para evitar que tu conversación sea ***"lost in translation"***, aprende la expresión ***"to call on the behalf of"***, que significa **'llamar de parte de'**, y repasa el vocabulario de esta sección para asegurarte de que lo tienes todo bien claro. Seguro que la próxima vez llegas con facilidad al final de la conversación. Cuando esto pase, no olvides despedirte de la persona con quien hablas de manera adecuada. Con un sencillo ***"Take care"*** (**'Cuídate'**), o un ***"Thanks for your call, goodbye"***, (**'Gracias por llamar, adios'**), ¡siempre quedarás bien!

telephone tips

Don't be afraid to ask for people to repeat things.

Es muy común no entender bien a la persona al otro lado del teléfono. Así que, si no entiendes algo en la conversación, que no te de vergüenza y ¡pide que te lo repitan!

"I'm sorry could you repeat that?"

Ask for someone to spell out their name or address, etc.

¡En Inglaterra estamos siempre listos para deletrear! Como cada palabra puede llegar a tener dos o tres variantes ortográficas, la gente suele esperar que le pregunten cómo se escribe su nombre o la calle donde vive:

"Could you spell that for me, please?"

Y recuerda que ***"Practice makes perfect!"***.

6. Negotiating and Presenting

Negociaciones y presentaciones

Madonna es una ***"tough cookie"***, y en inglés ser una **'galleta dura'** es algo positivo. Significa que eres **'tenaz'**, ***"tenacious"***, **'persistente'**, ***"persistent"*** y **'dura'**, ***"tough"***, que son características positivas en cualquier persona (¡normalmente una mujer!). ¡Ojo!, aunque Madonna acepta que esa descripción la convierte a ojos de otras personas en una ***"bitch"***, esta palabra en inglés es muy ofensiva y la podemos traducir como **'bruja'** (más que **'perra'**, a pesar de lo que muchas hispanohablantes piensan). Entonces, si tú también quieres ser una ***"tough cookie"***, ¿qué tienes que hacer? Primero, como dice la madre del ***"pop"***, saber ***"exactly what you want"*** (**'exactamente lo que quieres'**) y luego... ¡conseguirlo!

"Negotiating" (alarga esa **'o'** para que suene más como **'ou'** ***/negoúshieiting/***) y ***"presenting"*** son destrezas que requieren que seas ***"tenacious"***, ***"persistent"*** y ***"tough"***, pero también ***"diplomatic"***. Aquí tenemos algunas frases que puedes usar en la próxima negociación o presentación que hagas en inglés, ¡y son de un estilo algo más **'diplomático'**, ***"diplomatic"*** que el de Madonna! Aunque tu estrategia depende mucho del tipo de persona o cliente con el que ***"you are dealing with"***, no olvides la preposición cuando usas el verbo ***"to deal"*** (**'tratar'**): ***"deal with"***, ***"deal with"***, ***"deal with"***... Si usas alguna de las frases que tienes a continuación durante la próxima reunión, seguro que piensan que tu inglés es tan bueno que será fácil ***"to twist their arm!"*** (**'¡que den su brazo a torcer!'**).

> ***"I'm tough, ambitious, and I know exactly what I want. If that makes me a bitch, okay."***
>
> Madonna

Vocabulary

PISTA AUDIO 24

BASIC

Dear Sir /Madame●	Estimado Señor/a	/díia_sée/mádummm/
Ladies and gentlemen	Damas y caballeros	/leídiis_and_chéntulmen/
Let's move on to	ahora continuemos	/létsss_múuvvv_on_túu/
In addition	además	/in_adíshunnn/

INTERMEDIATE

Looking forward to	estoy deseando	/áim_lúking_fóouard_tuu/
I'm writing to●	escribo	/áim_ráiting_tuu/
Further to	con relación a	/féethe_tuu/
My aim is to	mi objetivo es	/mái_éimmm_is_tuu/

ADVANCED

We are willing to	estamos dispuestos a	/huíi_áa_huíling_túu/
After careful consideration	después de considerarlo detenidamente	/áafta_kéeefal_ consideréishannn/
I would like to kick off●	Me gustaría empezar	/ái_húud_láik_tuu_kík_ófff/
We would appreciate it if	lo agradeceríamos si	/huíi_húud_apríishiieittt_it_ífff/

Si no sabes el género de la persona a la que estás escribiendo, puedes usar ambas formas o una fórmula neutra igual de formal: ***"To whom it may concern"*** (**'A quien corresponda'**).

Hay dos cosas que recordar de esta construcción. **'Primero'**, ***"Firstly"***, que el verbo se conjuga en presente continuo. ¿Por qué? Porque *"I write to…"* ¡suena muy extraño! **'Segundo'**, ***"Secondly"***, la pronunciación: aunque ***"write"*** es una de las palabras más básicas del inglés, muchos estudiantes, tengan el nivel que tengan, caen en la tentación de pronunciar la **'w'** al principio de la palabra. ¡Imagina que no existe!

Si ***"kick off"*** (que también equivale a **'saque inicial'** en deportes como el fútbol) quiere decir **'empezar'**, ¿qué verbo usamos para dar por finalizada una reunión? Si tú decides el momento de **'resumir'** lo que se ha estado hablando, puedes usar los ***"phrasal verbs" "to sum up"*** o ***"to wrap up"*** e incluso ***"to summarise"***.

PISTA AUDIO 25

Translation List

Estimado Señor/Señora, le escribo para ofrecerle una nueva oportunidad emocionante...	Dear Sir/Madame, I am writing to offer you an exciting new opportunity...
Quedo a la espera de recibir noticias suyas tan pronto como le sea posible.	I look forward to hearing from you at your earliest convenience.
Si tiene alguna pregunta, por favor, no dude en contactarme. Atentamente...	If you have any questions, please, don't hesitate to contact me. Yours sincerely....
Damas y caballeros: primero, me gustaría empezar dándoles las gracias por venir.	Ladies and gentlemen: firstly, I would like to kick off by saying thank you all very much for coming.
Volvamos al asunto urgente de la reducción de costes.	Let's turn now to the pressing matter of cost-cutting.
Además de los cambios, nuestro objetivo es conseguir 4 millones de clientes nuevos para el 2016.	In addition to the changes, our aim is to reach 4 million new customers by 2016.
Estamos dispuestos a negociar nuestra oferta inicial y le agradeceríamos que pudiese organizar una conferencia telefónica tan pronto como sea posible.	We are willing to negotiate on our original quote and we would appreciate it if you could set up a conference call as soon as possible.
En referencia a su carta del 16 de marzo, después de valorarla con atención, no podemos aceptar su oferta.	Further to your letter dated the 16th March, after careful consideration we are not able to accept your offer.

¡aha!

¿Has notado la diferencia? En este ejemplo tenemos ***"I look forward to"***, pero en la lista de vocabulario pone ***"Looking forward to"***. Las dos formas son correctas, siempre que el verbo que le sigue esté en gerundio, ¡Pero ojo con no mezclar los dos! ¡Jamás decimos *"Look forward to..."*!

¡no lo olvides!

Hay varias reglas que hay que aprender de memoria cuando aprendes inglés. Por ejemplo, que ***"hesitate"*** va siempre seguido por un verbo en infinitivo. Repítelo en voz alta: ***"Don't hesitate to call"***, ***"Don't hesitate to contact"***, ***"Don't hesitate to ask"...***

recuerda

¡A los ingleses les encanta hablar de ***"pressing matters"*** (**'asuntos urgentes'**)! Seguro que lo oirás muchas veces en cualquier reunión y la verdad es que, aunque son equivalentes, ***"pressing matters"*** suena algo mejor que ***"urgent matters"***.

saber más

El sustantivo de ***"appreciate"*** es ***"appreciation"***, por lo que puedes decir ***"We would like to express our appreciation for..."*** (**'Nos gustaría expresar nuestro agradecimiento por...'**). Tambíen usamos mucho ***"grateful"*** o ***"gratitude"***: ***"We would be grateful if..."*** o ***"We would like to express our gratitude for..."***.

pronunciation

Cuando empieces una presentación sonarás más elegante si en lugar de *"First"*, usas *"Firstly"* o *"First of all"*. Pero, antes de usarla, **'primero'** tienes que aprender a pronunciar la **'i'** de *"Firstly"*. Si tienes dominado esto, estoy segura de que cualquier presentación que hagas irá mejor. Suena como una **'e'** alargada (vamos a decir **'ee'**) y es el mismo sonido que hacemos para decir *"Sir"*, **/Sée/**, *"further"*, **/féeze/** y también *"Thirdly"*, **/zéedlii/**. *"Firstly"*, como te hemos dicho, intenta pronunciarlo como si fuese una **'e'** alargada que se produce en la garganta. *"Secondly"*, practica estas palabras hasta que les pilles el truco y, *"thirdly"*, ahora que estás preparada, incorpora *"First of all"*, *"secondly"* y *"thirdly"* a tu próxima presentación. Pero, ¡ojo!, *"second/third of all"* ¡no se dicen!

expressions

Ya tienes dominado como pronunciar la **'i'** engañosa pero, como sabes, para hacer una buena presentación hay muchos más trucos que aprender. Como decimos en inglés, tienes que dominar *"the tricks of the trade"* (**'los secretos del oficio'**). Uno de los secretos consiste en imaginar que tu público está **'desnudo'**, *"naked"* (que por cierto se pronuncia **/neíkid/** y no **/náked/**). Tal vez **'irte por las ramas'**, *"to go off on a tangent"*, para captar la atención del público y luego reconducir tu discurso te funcione bien. En fin, cada persona tiene su estilo, pero lo más importante es recordar que cuando das una presentación, eres tú quien tiene la sartén por el mango. En inglés no hablamos de **'mangos'** o **'sartenes'**, sino que decimos que *"you're in the driving seat"*. Así que respira profundamente, ten muy claro que es que lo quieres de la reunión, estate preparado para **'defender tu posición'**, *"to stand your ground"*, y **'¡adelante!'**, *"go for it!"*. Seguro que tu presentación resulta *"a roaring success!"* (**'¡todo un éxito!'**).

false friends

Cuando estés negociando con un cliente o un compañero y quieras decir que algo **'te da igual'** o **'te es indiferente'**, es importante que no digas *"I don't care"*. Puede sonar bastante maleducado, ya que parecerá que estás diciendo que **'te importa un pimiento'**. Hay que usar *"I don't mind"* que es mucho más educado y formal y así nunca te meterás en líos. La otra opción, *"It doesn't matter"*, es terreno neutral, pero la reservaría sólo para cosas que no importan de verdad, como por ejemplo, el color de las sillas de la sala de reuniones. Si alguien te ofrece elegir entre un té o un café, o te preguntan si prefieres la ventana abierta o cerrada, no digas *"It doesn't matter"*. Aunque para ti sea indiferente, a ellos sí que les importa tu opinión, ¡por eso te han preguntado! Así que en estos casos di siempre *"I don't mind"*.

7. Conversation

PISTA AUDIO 26

The Workaholic with Oonagh Carney

X: Oonagh hello!

O: Hi Ximena, how are you?

X: Wonderful, and thank you very much for taking time out of your busy schedule to come and talk to me. How are you feeling today?

O: Very good, very good. Not too stressed, well not nowadays now that I'm not working in the banking sector anymore.

X: Really? Was that much more stressful?

O: Much more stressful; a very aggressive environment... Not every day but you know, particularly at the end of the month.

X: And it sounds like an exaggerated term, "Workaholic", but were you actually a workaholic?

O: Absolutely, I worked, worked, worked. Sometimes I worked fourteen hours a day.

X: Wow, ok.

O: So I would class that as a workaholic!

X: Absolutely, that's quite impressive! So, before you got your first job in banking, how did you go about looking for a job?

O: Well, like when you're looking for any job really, I compiled my CV with a very nice cover letter and I sent it on to the banking recruitment agent.

X: Ah, so there's a recruitment agency for people looking to work in banking?

O: Yes, specific for the sector.

X: I didn't know that.

O: Yes, there is. And since I was already working in the area, I got asked to a first round interview almost immediately and this was back in 2005 so it was when the banking industry was at its peak.

X: Right, yes.

O: So I was... I went for my first round interview and I was a successful applicant and I started...

X: Well done!

O: Thank you! And I started a week after that.

X: Amazing, so congratulations, it was **a whirlwind process**!

"A whirlwind process" 'torbellino'

O: Totally, totally. But that was back in 2005 now, and in Ireland.

X: Now job hunting is a lot more difficult.

O: It's much more difficult.

X: But anyway, let's focus on the positives... How did you feel... well... I don't know if it's positive! How did you feel on your first day?

O: No, it was positive. I think like anybody, I was extremely nervous on my first day and I really wanted to make a good impression, so I arrived early, before 9 o'clock which was the time that they had asked me to arrive, because being punctual is absolutely essential in banking because you're dealing with deadlines constantly. So if you're showing that you're eager and you're punctual then you know, it's a good start.

X: You score points straight away.

O: Absolutely! So then my manager introduced me to the rest of the team which was just one other person.

X: Really? You and one other? Wow!

O: Well, that was at the beginning, it grew **exponentially**. But we set up a department at the time, so he introduced us to the other heads of department and then we went for lunch, so the first day generally speaking is quite easy-going.

"Exponentially" 'de manera exponencial'

X: Ok, and you're just there to break the ice. Did you? How did you manage that?

O: Well usually in the banking sector anyway and at that time, there was plenty of money and the budgets were big so we were brought out for lunch.

X: Oh lovely...

O: And the usual ice breakers, like when you meet anybody new, well especially in the working environment were things like: Where did you work before? Did you know anybody in common? Because often in the banking sector, in Ireland specifically it's quite small so often you would **cross paths** with other people. So you know, and also you could say things like "Where did you get that suit?". "It's very nice". Obviously be careful, you don't want to be too, oh I don't know... **forward**!

"To cross paths" 'cruzarse'

"Forward" 'presuntuoso'

X: Forward! But no, they sound like good tips, exactly. So, you break the ice and you move on, a day turns into a week and then well now you're just **settled in**, once you're settled in how was your day-to-day routine?

"To settle in" 'sentirse cómodo/a'

O: My day-to-day routine was well in banking, it's very scheduled. Ok, so in the morning you would go in and you would check how many, for example how many phone calls you would have to make in the day. In my... at the beginning in my job I had to make lots of phone calls to what we called administrators, to make sure that the trades were received.

X: Right, wait, say this again: "to administrate"... because it's all very technical vocab.

O: This is technical **jargon**. Basically we're calling the receiving parties, ok, the administrators they were called, to ensure that the trades were received.

"Jargon" 'jerga'

X: Woah, ok, this is definitely workaholic language that I don't understand!

O: Totally, and specific to the banking sector, to private banking now, we're not talking about the banks that we have our accounts in.

X: No, ok, private banks; **big bucks**!

"Big bucks" 'un pastón'

O: Big bucks, private investors, and things like that.

X: Ok, and that person you were working with, how did you get on with him or her?

O: I was very lucky; I got on really well with him... really, really well with him.

X: You didn't end up marrying him did you?

O: No, no... well almost! But not quite.

X: An office romance ahhh!

O: No, no, no, no... But he was very nice and he was very organized and the things that I lacked he was very good at and vice versa so...

X: Ok, good, so you got on well, because can you imagine working with someone that just really gets on your nerves... every day, day in day out?

O: Of course, there were people like that too!

X: But they weren't on your team.

O: Well, they were on my team later.

X: Oh yes, because your area grew.

O: Exactly, the area grew.

X: And what about your boss?

O: My boss was really, really nice.

X: Wow, you were really lucky!

O: No, but everything changed don't worry. This changed as I went along; he was very nice; he was unusually easy-going. But I think that the heads of other departments thought that he was a bit too easy-going, because you know, it's an aggressive environment, you have to work fast, you have to be hard on your staff...

X: Burn the candles at both ends!

O: Basically yeah, so I think he was just a little too easy-going and in the end he was let go I'm afraid.

X: He was fired, ah.

O: Well, it was a mutual decision, I think that he also wanted to leave, but they kind of showed him the door.

X: Ok, yeah, that can be very stressful, that's the type of office politics that happen. And you have a really nice boss but he was too nice and he was booted out. What a shame! Ok, well I'm sure better things will have come of him now and I'm sure he's very happy wherever he is...

O: Oh, he's doing very well, he's doing very well I'm sure of it.

X: And so, we've seen what it was like day-to-day, now how are your telephone skills?

O: Well, they should be good, but I'm a bit out of practice.

X: Really? You had to make a lot of telephone calls.

O: I, before I left, I was what you call a "Relationship manager" so I was receiving calls from clients; approximately 20-30 calls a day from clients, and these calls could go on for ten minutes.

X: Really? So you were **well versed** in how to...

O: ...In how to calm them down and say your money is ok.

X: Really? Was that **the bottom line** of the conversation?

O: Yeah, always, always...

X: Where's my money? Ok, let's practice...

O: Where's my money? Why haven't I made more **profit**?

X: Oonagh, ahem, brrring brrring.

O: "Hello, this is Oonagh speaking. How can I help you?"

X: "Hi, I'm just really worried about where my money is... Could you tell me that please?"

O: "Let me just put you through to..."

X: "Err, where's my money?!"

O: "Let me just put you through, hold on one moment."

X: "Excuse me, where's my money!!?"

O: That is not a very good client, I'm sorry. You have to wait for me to answer you, so I can help you...

X: Oh, sorry, sorry, ok.... "Hello?"

O: "Hello, how are you?"

X: "Very well thank you, I was just wondering if you could tell me a little bit about the money that I've left in your bank account, err in your bank, could you please help me?"

"Well versed" 'tener un amplio conocimiento sobre'

"The bottom line" 'la conclusión final'

"Profit" 'beneficio'

O: "Absolutely, could you just give me your name and your bank account number, please?"

X: "My name is X.I.M.E.N.A H.O. double L. I.D.A.Y, Ximena Holliday, and my bank account number is 19734522."

O: "Excellent, if you could just hold the line for one moment, I will put you through to the accounts department."

X: Oonagh, you're very good at this, I feel very reassured. Thank you!

O: "I'm putting you through, you're on hold!"

X: Oh! We've finished, we've finished! So, you've passed the telephone call test. How about the presentation? How do you feel giving presentations?

O: I also had to give a lot of presentations, power point presentations as well.

X: Do you feel confident?

O: Erm, again I'm a bit out of practice, I'll be honest. It's three years since I worked in banking but let's give it a go.

X: Ok, so Oonagh, please, give me a presentation on why it's so important to learn English!

O: Ok: Ladies and gentlemen, by giving this presentation, my aim is to ensure that everyone listening realises how important English is when working in any business sector. Firstly, you may have to hold conference calls with the clients in English. Even if your clients are not English or not native English speakers, English is the international business language. Secondly clients will appreciate any effort you make to speak their language, so if you have an English speaking client base they will appreciate it. Furthermore, even if you don't need English for your current job, you may for future jobs. And finally, in addition to all of these things, it's fun learning a second language, and especially with this book!

X: Oonagh, a round of applause, Oonagh... you've still got it!

O: Do you think? I don't know!

X: Yeah, you've still got it. That was a wonderful presentation. Thank you!

O: Thank you.

Test

1 ¿Cómo se dice?

2 ...Amigo falso...

~~"Could you assist at an interview on Wednesday?"~~

3 ¿Entendiste el audio?

What was the bottom line of the conversations that Oonagh had with her clients?

4 Elige la pronunciación correcta

"Punctual":

/púntiual/ ☐
/púnktiual/ ☐

5 Adjective agility

'Fiable'

6 Traduce la expresión:

'Trabajar de sol a sol'

7 Phrasal verb!

'Colgar el teléfono'

8 Preposition time!

"He's responsible ___ the department"

Answers

1. Business card; the coffee run; files
2. Could you attend an interview on Wednesday?
3. Where's my money?, Where's my profit?
4. /púnktiual/
5. Reliable
6. To burn the candle at both ends
7. To put down/hang up the phone
8. He's responsible for the department

Frades de la Sierra
La Sierpe
Hondura del Campo
Escurial de la Sierra
Monleón
Linares de Riofrío
Casafranca
Fuenterroble de Salvatierra
Campillo de Salvatierra
Pizarral
Salvatierra de Tormes
Aldeavieja de Tormes
Cespedosa de Tormes
Los Santos
El Tornadizo
S. Miguel de Valero
Valero
Guijo de Ávila
Puebla de San Medel
Fuentes de Béjar
La Cabeza de Béjar
Sanchidrián de Béjar
Valdelacasa
S. Esteban de la Sierra
Santibáñez de la Sierra
Valverde de Valdelacasa
Valdefuentes de Sangusín
Peromingo
Nava de Béjar
Medinilla
Miranda del Castañar
Molinillo
Cristóbal
Sanchotello
Navalmoral de Béjar
Vallejera de Riofrío
Gilbuena
Pinedas
Horcajo de Montemayor
Valdehijaderos
La Calzada de Béjar
Navacarros
Candelario
Cantagallo
Colmenar de Montemayor
Aldeacipreste
Montemayor del Río
Puerto de Béjar
La Garganta
El Cerro
Baños de Montemayor
Lagunilla
Hervás
Abadía
Gargantilla
Segura de Toro
Casas del Monte
Cabezuela del Valle
Navaconcejo
Tornavacas
38
21
32
14
36
8
22
5
6
26
28
20
18
52
B

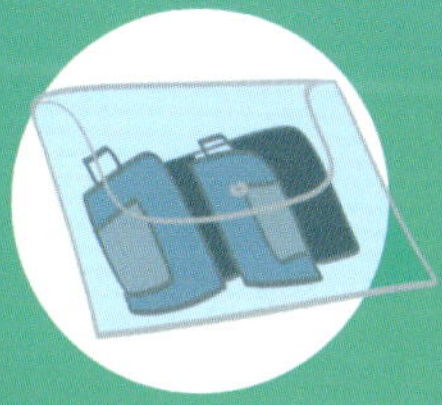

3. The Globetrotter

1. Packing

Haciendo la maleta

La vida a veces es **'agridulce'**, *"bittersweet"*. Tienes algo tan bonito planificado, POR FIN unas vacaciones. Pero eso significa ¡que te toca hacer las maletas! Vale, no es lo peor del mundo, salvo cuando estás sentada encima de la **'maleta'**, *"your suitcase"* (que sabemos pronunciar perfectamente después del capítulo de *"Clothes"*), pensando *"Why won't it close?"* (**'¿Por qué no cerrará?'**), *"Why didn't I do this earlier!"* (**'¿Por qué no hice esto antes?'**).

Empiezas con mucho optimismo, pero es sólo una ilusión... **'algunos calcetines'**, *"some socks"*... **'algunas cositas del baño'**, *"toiletries"*, *"a few dresses... a few pairs of trousers and some shorts, two jackets, six T-shirts, a couple of bikinis, some books and some underwear..."*. ¿Cómo pueden ocupar tanto sitio en la maleta? ¡Y ni siquiera hemos empezado a meter los zapatos! Por mucho que intentes **'apretar'**, *"squish"* y **'aplastar'**, *"squash"*, no hay manera... Como dice Emma Thompson en la adaptación de la novela *"Sense and Sensibility"*, parece que los *"bath oils"* se han reproducido mientras estabas **'haciendo la maleta'**, *"packing"*... Sí, tenemos un verbo especial para decir **'hacer la maleta'**, así que por favor, descarta la traducción literal: *"to do your baggage"* y céntrate en nuestro verbo estrella: *"packing"*.

"Up 5.15 a.m. thinking, packpackpack. I appear to have accumulated more things. How did this happen? I haven't shopped. Think my bath oils have bred."

Emma Thompson, *The Sense and Sensibility Screenplay and Diaries: Bringing Jane Austen's Novel to Film*

PISTA AUDIO 27

Vocabulary

BASIC

Alarm clock	despertador	/aláam_clók/
Baggage●	equipaje	/bágich/
Wash bag	neceser	/uósh_bág/
Flight socks	calcetines compresivos para el vuelo	/fláittt_sóksss/

INTERMEDIATE

Lock	candado	/lók/
Bug spray●	repelente contra insectos	/bág_spreí/
Suitcase	maleta	/súutttkeisss/
Rucksack (RU) /Backpack (EE.UU.)	mochila	/rúksak/

ADVANCED

Travel Insurance	seguro de viaje	/trávvval_inshúrans/
First aid kit●	botiquín de primeros auxilios	/féesttt_éid_kíttt/
To squash	aplastar	/tuu_skuósh/
To fold	doblar	/tuu_fóulddd/

"Baggage" y ***"luggage"*** son sinónimos. No importa cuál uses, pero lo que sí importa es que nunca uses su plural como si fuesen palabras contables: *"Do you have the baggages/ luggages"* ¡no!

Es correcto decir ***"insect spray"***, ***"insect/ bug repellent"*** o ***"insect/bug creams"***. En este contexto la palabra ***"bug"*** significa **'bicho'** y se usa también para hablar de un **'virus'** humano o de ordenador.

La definición en general de ***"kit"*** es **'equipo'**. Se puede usar de muchas formas, por ejemplo hablando de la ropa para jugar a un deporte de equipo o de los uniformes para educación física ***"P.E"*** del colegio que se llaman ***"sports kits"***. ***"A first aid kit"*** es algo de gran importancia cuando vas de viaje así que haz un esfuerzo especial para acordarte.

PISTA AUDIO 28

Translation List

Creo que hay repelente de insectos en el botiquín de primeros auxilios.	I think there's some bug spray in the first aid kit.
Tengo que buscar una báscula para ver cuánto pesa esta mochila.	I need to find some scales to see how much this rucksack weighs.
¿Crees que llevar puestos esos calcetines para el avión ayuda a la circulación de la sangre?	Do you think that wearing those flight socks helps blood circulation?
Espero que no haya nada valioso dentro de esa bolsa si no tienes un candando.	I hope there's nothing valuable in that bag if you don't have a lock.
Asegúrate de que el neceser y los líquidos estén dentro de la maleta y no en el bolso de mano.	Make sure your wash bag and liquids are in your suitcase and not in your hand luggage.
¡Deja de espachurrar todo de esa manera! ¡Dóblalo correctamente!	Stop squishing everything in there like that! Fold it properly!
¿Por qué te llevas de vacaciones un albornoz? ¡No hay espacio para ello!	Why are you taking a dressing gown on holiday with you? There's no space for it!
Ok, he puesto la alarma, he organizado el seguro de viaje, las maletas están hechas y ahora ¡sólo tengo que coger el vuelo!	Ok, so I've set the alarm, I've organised the travel insurance, my bags are packed and now I just need to catch my flight!

¡ojo!

El verbo ***"to fold"*** a veces puede dar lugar a confusión porque se parece a ***"to bend"***, que también se traduce como **'doblar'**, pero resulta que no son sinónimos. Recuerda que ***"to fold"*** es doblar hasta que las dos superficies se toquen, mientras que ***"to bend"*** es hacer que algo doble lo suficiente para que no quede recto, pero sin que los dos lados se toquen. Entonces: ***"you fold clothes"*** pero ***"you bend metal"***.

recuerda

En inglés existe el verbo ***"assure"*** pero suena mucho más natural decir ***"to make sure"***. Así que ***"make sure"*** de que a partir de ahora ¡usas ***"to make sure"***! Y ¡ojo!, ***"make sure"*** de que ***"sure"*** sea pronunciado **/shóo/** con la **'o'** bien alargada.

saber más

'Un albornoz' en inglés americano es ***"a bathrobe"*** y en inglés británico ¿cómo era? ¡Sin mirar! ***"A dressing gown"***, ¡muy bien!

repaso

¿Recuerdas la regla de oro cuando hay una **'s'** seguida por una consonante? Seguro que sí, y espero que no hayas dicho /escales/: ***"scales"***, ***"scales"***, ***"scales"***. También usamos esta palabra para decir **'escamas'** de pez.

pronunciation

Has estado **'aplastando'**, *"squashing"* la maleta con todas tus fuerzas y por fin consigues cerrarla. Ahora quiero que hagas el mismo esfuerzo para pronunciar bien el sonido **'qu'** que en castellano es bastante diferente. Como hay muchas palabras comunes que empiezan por **'qu'**, no creo que tengas problemas en pronunciarlo bien, pero recuerda que el sonido que buscamos es **'kua'**, **'kue'**, **'kui'** o **'kuo'** dependiendo de qué vocal sigue. Entonces, rápido: *"squash"* y *"squish"* (**'apretar'**) y *"liquid"*, ¿cómo son? **/Ssskuósh/**, **/sssskuísh/**, **/líkuiddd/** ¡Excelente!

expressions

Sorprende que una palabra tan pequeña como *"pack"* se use tanto en expresiones inglesas. Aparte del uso de *"pack your bags"* que podemos usar metafóricamente además de literalmente, decimos *"to send someone packing"* ¡que quiere decir **'sacar a alguien corriendo'**! Además, a veces en el metro se viaja muy apretado y solemos decir *"to be packed in like sardines"*. Si no puedes imaginar de qué hablo, intenta coger el metro en Londres a las 8 de la mañana un día de diario y lo entenderás perfectamente: ¡**'apretados como sardinas'**! Otra expresión que usamos cuando alguien está molestándonos es *"Pack it in!"* que significa, **'¡Para, ya!'**. Parece que todos los usos de *"pack"* son bastantes negativos ¿verdad? ¡Hasta **'una sarta de mentiras'** se traduce como *"a pack of lies"*!

get ahead

Si quieres evitar que abran y registren tu bolsa de mano, antes de llegar a *"airport security"* sigue estos consejos y *"get ahead of the pack"* (**'adelanta al resto'**). (¡Mira! ¡No sólo usamos *"pack"* en expresiones negativas!).

"Check your /líkuids/": Especialmente en países como los Estados Unidos e Inglaterra, atento a las reglas de no llevar más de 100ml de líquido (porque te los van a descubrir y a quitar seguro), tenlos ya preparados en una bolsa de plástico con cierra fácil ¡y no olvides las cosas que no parecen líquidos! Conozco gente que ha perdido **'pasta de dientes'**, *"toothpaste"*, **'mermelada'**, *"jam"*, **'atún'**, *"tuna"*, ¡todo! Trae tu propia bolsa de plástico por si acaso, ¡porque en algunos aeropuertos no las dan gratis!

"Unpack your laptops/tablets": En algunos aeropuertos no te dejan pasar por seguridad con estos en la bolsa; es necesario sacar los **'portátiles'**, *"laptops"*, y **'tabletas'**, *"tablets"* antes de pasar por la máquina, al menos en Londres.

"Remove watches /belts/shoes": Cada año son más estrictos. Aunque es molesto, si quieres volar, ¡no tienes más remedio! Es buena idea llevar **'zapatos sin cordones'**, *"slip-on shoes"* para cualquier viaje en avión.

2. At the airport

En el aeropuerto

Cada persona tiene una razón distinta para viajar; algunos para descansar en la playa, otros para aventurarse a lugares poco explorados por los demás. Vayas a Málaga o a Malasia, los aeropuertos nos transmiten cierta sensación de liberación (¡a pesar de todo el estrés que les puede acompañar a veces!)... ¡Liberación y miedo si eres una de las muchas personas que **'tiene miedo a volar'**, *"have a fear of flying"*! Sin embargo, como las estadísticas siempre demuestran, es la manera de viajar más segura que hay, y todo merece la pena cuando en pocas horas llegas a un sitio totalmente nuevo...

Venga, **'¡es hora de irnos!'**, *"it's time to go!"*. Recuerda que no decimos *"It's the hour to go!"* ya que solo usamos ***"hour"*** cuando es una hora contable. En cualquier otro caso recurrimos a ***"time"***. Bien, no hay tiempo para más gramática, ***"It's time to catch the flight!"*** (**'¡Es hora de coger el avión!'**).

"Why do you go away? So that you can come back. So that you can see the place you came from with new eyes and extra colors. And the people there see you differently, too. Coming back to where you started is not the same as never leaving."

Terry Pratchett, *A Hat Full of Sky*

PISTA AUDIO 29

Vocabulary

BASIC

Passport	pasaporte	/páaspoottt/
Visa●	visado	/vvvíisa/
Terminal North/South	terminal norte/sur	/téeminal_nórz/sáuz/
Flight number	número de vuelo	/fláit_námbe/

INTERMEDIATE

Boarding card	tarjeta de embarque	/bóoding_káaddd/
Take-off●	despegue	/téik_ófff/
Landing	aterrizaje	/lánding/
Departure lounge	zona de pre embarque	/depáacha_láun(ch)/

ADVANCED

Air hostess●	azafata	/éee_hhhostésss/
Cabin crew	tripulación	/kábin_krúu/
To approach the runway	acercarse a la pista	/tuu_áprouch_dz_ránuei/
Customs officer	oficial de aduana	/kástams_ófissse/

Ten en cuenta la pronunciación de ***"visa"***, ya que tiene la **'v'** engañosa al principio y es tentador pronunciarla como /bísa/. Dientes encima de los labios y no olvides que la **'s'** tiene que sonar como la **'zzz'** de una abeja ¡A por ello: **/vvvíisa/**!

¿Te acuerdas del otro significado que vimos de ***"take off"*** como ***"phrasal verb"*** en la sección de ***"Clothes"***? ¡Por supuesto! Significa **'quitarse'** o **'sacarse'** además de **'despegar'**.

Solo usamos el término ***"air hostess"*** para hablar de **'azafatas'** en femenino. Si te quieres referir a un asistente de vuelo masculino usamos ***"a flight attendant"*** o también ***"an air steward"***.

PISTA AUDIO 30

Translation List

Disculpe, ¿me puede decir si el número de vuelo BX542 sale de la terminal norte o sur?	**Excuse me, could you tell me if flight number BX542 departs from Terminal North or Terminal South?**
Necesitamos facturar nuestro equipaje e ir directos a seguridad. ¡Vamos con retraso!	**We need to check in our luggage and go straight to security. We're running late!**
¡Rápido! ¡Nuestro vuelo está embarcando! Tenemos que ir a la sala de embarque.	**Quick! Our flight's boarding! We need to get to the departure lounge.**
Por favor, tengan sus tarjetas de embarque, pasaportes y visados listos para inspección.	**Please have your boarding cards, passports and visas ready for inspection.**
Tripulación, por favor prepárense para el despegue.	**Cabin crew, please prepare for take-off.**
Hola, les habla el capitán. Aterrizaremos en aproximadamente cuarenta y cinco minutos.	**Hello, this is your captain speaking. We will be landing in approximately forty-five minutes.**
Por favor, pongan su asiento en posición vertical y plieguen su bandeja.	**Please return your seat to the upright position and stow away your tray table.**
Los oficiales de aduanas estaban esperando al avión en la pista de aterrizaje.	**The customs officials were waiting for the aircraft on the runway.**

recuerda

No solemos traducir **'llegar tarde'** en inglés como ***"to arrive late"***, considerando que suena mucho más nativo decir ***"I'm late"*** empleando el verbo ***"to be"***. ¡Ahora entenderás por qué los ingleses dicen cosas tan raras como ***'soy tarde'***! Y como ves en el ejemplo de arriba, tenemos otra estructura que también utilizamos mucho: ***"to run late"***. No lo traduzcas literalmente como **'correr tarde'** sino **'ir retrasados'**.

saber más

Aunque la verdad es que usamos poco el ***"phrasal verb"***, ***"to stow away"***, (tener la bandeja del asiento plegada), resulta que tiene otro significado mucho más dramático que no tiene nada que ver con ***"tray tables"***, y es **'viajar de polizón'**.

¡importante!

Es necesario tener claro qué significa ***"departures"*** y ***"arrivals"***, para que no vayas a **'llegadas'** cuando lo que quieres es salir o viceversa. Piensa en el verbo ***"to arrive"*** (**'llegar'**) y así tenemos el 50% hecho. Sólo falta aprender de memoria ***"departures"*** que viene del verbo ***"to depart"*** (**'salir'**).

no olvides

Conocemos ***"departure lounge"***, pero ¿cómo decimos **'la puerta de embarque'**? Bien, es ***"the boarding gate"***. Cuidado con decir /boárding/ en vez del correcto **/bóoding_géittt/**.

pronunciation

La palabra más importante de este tema requiere un poco de atención para que la vocalices como una verdadera inglesa: *"Air!"*. Parece sencillo, pero no es tan fácil. La pronunciamos en una sílaba y bajando la mandíbula ligeramente para conseguir lo que vamos a llamar una **'eee'**. Cuidado con la **'r'** al final de la palabra, todo debería fundirse en un sonido. Practícalo con varias palabras relacionadas con *"air"*: *"airport"*, **/éeepoottt/**, *"air hostess"*, **/éee_hhhostésss/**, *"aircraft"*, **/éeekraaft/** etc.

expressions

Hay varias cosas que pueden ocurrir en un aeropuerto que nos pueden exasperar. Por ejemplo, cuando haces el *"check in"* y te obligan a pagar por exceso de peso aunque creyeras que estabas *"travelling light"* (**'viajando con poco equipaje')**. ¡Se diría que las básculas añaden unos kilos extra para que tu maleta no entre en el límite! A veces es tan frustrante que no puedes evitar **'perder los estribos'**, *"to fly off the handle"*. Otra cosa muy exasperante que puede pasar es que te digan que el vuelo está *"overbooked"* (**'hay un exceso de reservas'**) y que no hay sitio para ti. En esos momentos, especialmente cuando vuelas por un evento en concreto al que no puedes faltar, es difícil no **'¡ponerse rabioso!'**, *"to fly into a rage!"*.

Podría ocurrir que la próxima vez que vayamos a un aeropuerto, la maleta entre perfectamente en el peso permitido, nos den el asiento que queremos (y un *"upgrade"*, **'un mejor asiento'** porque sí), el vuelo no tenga retraso, ni **'se cancele'**, *"to be cancelled"* ni tenga *"overbooking"*, *"to be overbooked"* o... Podría ocurrir que no nos hagan descalzarnos en *"airport security"*, la comida en el avión sea decente o no haya nadie a nuestro lado que ronca o que tiene la música tan alta que la oímos durante todo el vuelo, pero me temo que eso será *"when pigs fly!"*, refrán famoso en inglés que significa **'¡cuando las ranas críen pelo!'**.

watch out

Aunque no podemos controlar casi nada de lo que pasa cuando viajamos en avión, lo que sí está bajo nuestro control, especialmente si vuelas con *"low cost airlines"* (**'compañías aéreas de bajo coste'**), es hacer el *"check-in online"* antes de salir de casa e imprimir las tarjetas de embarque. Algunas aerolíneas ahora están cobrando por imprimir las tarjetas en el aeropuerto ¡y puedes pagar alrededor de 70€ por billete si olvidas llevarlas!

3. Getting around

Moviéndote

'¡Has llegado!', *"You've arrived!"*, **'recoges las bolsas'**, *"you pick up your bags"*, **'pasas por aduanas'**, *"you go through customs"* ¡y ya estás en una ciudad totalmente distinta! ¡**'Qué emoción'**!, *"How exciting!"* (Recuerda que decimos, *"How"* y no *"What"* en este tipo de exclamaciones donde el **'Qué'** va seguido por un adjetivo).

Todas las cosas que te pasen a partir de ahora son parte de la aventura de viajar. ¿Tu tarjeta de crédito no funciona y no tienes dinero? ***"It's part of the adventure"***. ¿La persona que venía del hotel para recogerte no está? ***"It's part of the adventure!"***. ¿Al final viene y te lleva en una furgoneta llena de pollos? ***"It's all part of the adventure!"***.

"Getting around" (**'Moverse por'**) un sitio nuevo tiene su propia dosis de aventura. Aprende las formas de preguntar por direcciones y dar instrucciones a continuación y **'¡Suerte!'**, ***"Good luck!"***.

> **"It is good to have an end to journey toward, but it is the journey that matters in the end."**
>
> Ursula K. Le Guin

PISTA AUDIO 31

Vocabulary

BASIC

Excuse me, which way is...?	¿Perdón, en qué dirección está...?	/ekskiús_míi_huích_hueí_ís/
Turn left at...	gira a la izquierda en...	/téennn_léfttt_áttt/
Go straight ahead●	sigue recto	/goú_stréittt_ahéd/
Go past...	pasa...	/goú_páasssttt/

INTERMEDIATE

Crossroads	cruce	/krósssrouds/
Traffic light	semáforo	/tráfik_laítsss/
Roundabout	rotonda	/ráundabauttt/
Economy class●	clase turista	/ekónomii_cláasss/

ADVANCED

The fork	bifurcación	/dz_fóok/
Make a sharp right●	dobla cerrado a la derecha	/meík_a_sháap_ráittt/
Bear left	mantente a la izquierda	/béee_léfttt/
Hitchhiking	autostop	/hhhítchhaiking/

Cuidado al traducir **'sigue'** en este caso, porque aunque decimos ***"follow"*** hablando de una calle, un camino o algo físico, no se puede decir *"follow straight ahead"*. Podrías decir ***"go"***, ***"continue"*** o ***"keep going"***. ¡Apréndelas todas para que no haya sorpresas la próxima vez!

No lo usamos solo para aviones; en trenes, autobuses y barcos también hay ***"classes"*** distintas. Hay varias maneras de decir **'clase turista'**: ***"Economy class"*** (RU), ***"Coach class"*** (EE.UU.) y a veces ***"tourist class"***. También se llama coloquialmente ***"cattle class!"*** (**'¡clase de ganado!'**). ¿Y **'primera clase'** o **'clase business'**? Sí, aquí no hay duda, ***"first class"*** y ***"business class"***.

¿Cuál es el contrario de ***"take/ make a sharp turn"***? ***"A sharp turn"*** en este contexto es **'una curva cerrada'**, pero estamos buscando la traducción de **'girar levemente'** y es: ***"to make a slight turn"***.

PISTA AUDIO 32

Translation List

Perdone, ¿sabe en que dirección está el hotel "The White Swan"?	**Excuse me, do you know which way "The White Swan" hotel is?**
Sí, en el semáforo tienes que coger la primera a la izquierda y después pasar la iglesia.	**Yes, you need to take the first left at the traffic lights and then go past the church.**
Está a la derecha, justo después de pasar el cruce.	**It's on the right, just past the crossroads.**
Perdone, si sigo recto, ¿llegaré al centro del pueblo?	**Excuse me, if I carry on straight ahead, will I get to the town centre?**
No, ¿ve usted la bifurcación en la carretera? Cuando llegue allí, manténgase a la izquierda.	**No, do you see the fork in the road? When you get there you need to bear left.**
Gire a la derecha en la rotonda y luego gire cerrado a la izquierda cuando vea la gasolinera.	**Turn right at the roundabout and then take a sharp left when you see the petrol station.**
Íbamos a coger el autobús, pero los billetes económicos estaban vendidos así que hicimos auto-stop.	**We were going to get the coach but the economy tickets were all sold out so we hitchhiked instead.**
Si sigues esta carretera hacia abajo llegas a los muelles y creo que es allí.	**If you follow this road down you'll get to the docks and I think it's there.**

¡cuidado!

¿Notas la diferencia entre ***"Which way is...?"*** y ***"Do you know which way... is?"***? La primera es una pregunta directa, por tanto, invertimos el orden del sujeto y del verbo ***"to be"***. Sin embargo, en la segunda, la verdadera pregunta es ***"Do you know?"*** y el resto ***"which way is..."*** es información extra, por lo que conserva el orden de las oraciones afirmativas. Complicado, pero con práctica no lo es tanto.

prepositions

Pobres estudiantes de inglés... **'Gira a la izquierda EN...'**, ***"Turn left AT..."***, **'Está A la derecha/en la esquina de la calle principal y la calle Station'**, ***"It's ON the right/the corner of the High Street and Station Road"***, **'Vamos EN barco'**, ***"We go BY boat"***. Tantas preposiciones que aprender, ¡pero poco a poco se irán convirtiendo en algo automático!

recuerda

"Petrol" en inglés británico es **'gasolina'** y también ***"diesel"***, bueno, **'diésel'**. Sin embargo en los Estados Unidos **'gasolina'** es ***"gas"*** y los **'gasolineras'** son ***"gas stations"***.

saber más

Aparte de ***"coach class"*** que hemos visto, ***"a coach"*** en inglés británico es un autobús grande con baños, moqueta, etc. Es importante usar este nombre porque si preguntas por los ***"buses"*** te van a indicar en la dirección de los autobuses públicos.

pronunciation

Las letras **'th'** están en todos lados en el idioma inglés; no puedes evitar usar ***"the"***, ***"that"***, ***"this"***, ***"with"*** ni tampoco ***"think"***, ***"three"***, ***"through"***, etc. Y para complicar más las cosas, hay una leve diferencia entre la **'th'** de ***"the"*** y la de ***"think"*** que vamos a repasar ahora. Para conseguir el primer sonido de ***"the"*** o ***"this"***, es necesario poner la lengua entre los dientes y producir un sonido como la **'z'** castellana suave, (lo llamaremos **'dz'**): **/dz/**, **/dzísss/**. Para ***"think"*** o ***"three"***, hay que hacer lo mismo, pero esta vez expulsando el aire con más fuerza, hasta que sientas que la lengua vibra un poco. **/Zínk/**, **/zríi/**.¿Lo sientes?

expressions

Cuando preguntas direcciones en una ciudad extranjera, puedes tener suerte... ¡o no! Existe un tipo de gente que nunca va a reconocer que no sabe y te mandará a cualquier dirección aunque sea totalmente errónea. ***"Yes, go past the traffic lights, take a sharp right then bear left at the fork and keep going until you see it"***. Cuando te das cuenta de que ***"you've been on a wild goose chase"*** (**'ha sido todo una pérdida de tiempo'**), ¡es demasiado tarde! Tenemos un expresión para estas situaciones exasperantes, ***"it drives you up the wall!"*** (**'¡te hace subirte por las paredes!'**).

Otra cosa que desafortunadamente puede pasar cuando no conoces bien una ciudad, es que te montes en un taxi y ***"they take you for a ride"***. Literalmente es bueno: **'te llevan en coche'**, pero metafóricamente es malo. Significa también que se aprovechan de ti para poder cobrarte el doble. Aunque te des cuenta de que has visto la misma iglesia dos veces, **'no merece la pena causar problemas'**, ***"it's not worth rocking the boat"*** (literalmente, **'sacudir el barco'**). ***"Just sit back and enjoy the ride!"*** (**'¡Relájate y disfruta del paseo!'**).

false friends

Y hablando de barcos, tenemos también otra expresión que nos ayudará a acordarnos de una regla fundamental del inglés. Decimos ***"to miss the boat"***, que es nuestra forma de decir **'perder el tren'**. Pero aparte de ser una expresión útil que significa dejar pasar una oportunidad, hay algo muy importante que tenemos que asimilar de esta estructura. Fíjate que aquí usamos el verbo ***"to miss"*** y no ***"to lose"***. Si dices que ***"I lost the boat/train/plane"***, ¡la persona con quien hablas no va a entender cómo has podido perder algo tan grande que no lo puedes encontrar! Recuerda la regla: ***"to lose"***, se usa cuando perdemos físicamente objetos como las llaves, la bolsa etc., y ***"to miss"*** cuando no llegamos a tiempo a coger un medio de transporte.

¡Qué mala suerte!, ***"you missed the bus, a taxi driver took you for a ride"*** y ahora caminando por las calles **'te perdiste'**. ¿Cómo traducimos **'perderse'**? En este caso usamos el verbo ***"lose"*** pero acuérdate de la estructura que usamos muchas veces cuando hay un reflexivo en castellano: colocamos el verbo ***"to get"*** delante y decimos ***"to get lost"***. Pero, como decíamos antes, todo es parte del encanto de viajar: ***"It's all part of the adventure!"***.

4. Accommodation

Alojamiento

"Big ones", *"small ones"*, *"expensive ones"*, *"cheap ones"*, *"beach ones"*, *"city ones"*, *"hot ones"*, *"cold ones"*... hay todo tipo de vacaciones y todo tipo de alojamientos. Recuerda que en inglés *"accommodation"* es incontable, por tanto, ¡no uses el plural *"all types of accommodations"*!

Hoy en día, con todos los medios que existen para buscar y reservar desde el ordenador de tu casa, el programar un viaje resulta mucho más cómodo y sencillo. Antes de *"making a booking/reservation"* (Repítelo diez veces: *"make a booking/reservation"*, ¡y no *"do"*!) puedes investigar y leer *"online"* todos los **'comentarios'**, *"reviews"* que los otros **'huéspedes'**, *"guests"*• han dejado. Puede que de leer tantos comentarios, ¡sientas que ya has estado allí! Sin embargo, como todo en Internet, es importante recordar que hay que coger algunos comentarios *"with a pinch of salt"* (**'con pinzas'**). Puede que un hotel sea el sitio más maravilloso del mundo y un paraíso en la tierra, o que sea sucio, peligroso, que esté lleno de cucarachas o que haya hurtos... Pero si descartas las críticas o elogios más extremos, normalmente llegarás a *"a happy medium"* (**'la justa medida'**) y encontrarás el hotel, pensión u hostal perfecto.

"My dream is to walk around the world. A smallish backpack, all essentials neatly in place. A camera. A notebook. A traveling paint set. A hat. Good shoes. A nice pleated (green?) skirt for the occasional seaside hotel afternoon dance."

Maira Kalman, *The Principles of Uncertainty*

Por cierto, ¿cómo pronuncias la palabra **'huésped'** en inglés? Bien... con una **'g'** fuerte al principio: **/gggésttt/**.

PISTA AUDIO 33

Vocabulary

BASIC

Budget●	económico	/bádchittt/
Five star	de cinco estrellas	/faívvv_ssstáa/
Bed and breakfast	alojamiento y desayuno	/béd_and_brékfasttt/
All-inclusive	con todo incluido	/óoll_inklúsivvv/

INTERMEDIATE

Twin room	habitación con dos camas	/tuínnn_rúummm/
Wake up call●	llamada del despertador	/huéik_áp_kóol/
Front desk	recepción	/fránt_dddésk/
En-suite	con baño privado	/ón_súiittt/

ADVANCED

Amenities	servicios	/amíinitiis/
Cosy	acogedor	/kóusii/
To swipe in●	pasar la tarjeta	/tuu_sssuaíp_ínnn/
Full-board	pensión completa	/fúl_bóoddd/

Hemos visto en el capítulo anterior que ***"budget"*** significa **'presupuesto'**. Aquí lo tenemos con su otro significado de **'económico'**. Repite las palabras siguientes prestando mucha atención a pronunciar bien la **'g'** que suena más como una **'ch'** y asegurándote de que la **'d'** quede muy suave: ***"/bádchittt/ airlines"***, ***"/bádchittt/ accommodation"***, ***"/bádchittt/ travel"***.

¿Te acuerdas de este ***"phrasal verb"***? Este servicio de alarma en inglés se llama así. ¿Y cuál es la diferencia entre ***"wake up"*** y ***"get up"***? ***"Wake up"*** significa **'despertar'** pero ***"get up"*** es **'levantarse de la cama'**, ¡son dos cosas muy distintas!

Cuidado con la pronunciación de ***"swipe"***. No es /esúip/ sino **/sssúaip/**. ¿Y el contrario de ***"swipe in"***? Pues, ***"swipe out"***. Usamos los dos para cualquier situación donde tienes que pasar una tarjeta por un lector o escáner.

PISTA AUDIO 34

Translation List

Estoy demasiado cansada para ir a cenar. Pediré algo al servicio de habitaciones.	I'm too tired to go out for dinner. I'll order something from room service.
¿Te acuerdas si está todo incluido o sólo alojamiento y desayuno?	Do you remember whether it's all-inclusive or just bed and breakfast?
Si estás buscando un alojamiento económico te recomiendo quedarte en el hotel Delfín.	If you're looking for budget accommodation I recommend staying at the Dolphin Inn.
Hay wi-fi gratis si pides el código en recepción.	There's free Wi-Fi if you ask for the password from the front desk.
Buenas tardes Ms. McGrath, ¿le gustaría el servicio de despertador mañana por la mañana?	Good evening, Ms. McGrath, would you like a wake-up call tomorrow morning?
Hay disponible una habitación con camas separadas en ese hostal. ¡No tiene baño privado pero parece acogedora!	There's a twin room available in that hostel. It hasn't got an en-suite but it looks cosy!
Tiene acceso a todos nuestros servicios, por ejemplo para ir al spa sólo tiene que pasar la tarjeta.	You have access to all our amenities, for example to get into the spa you just have to swipe in.
Al principio de nuestro viaje nos quedábamos en hoteles de cinco estrellas, pero ahora ¡nos hemos quedado sin dinero!	At the beginning of our trip we were staying in five star hotels but now we've run out of money!

recuerda

Tantas cosas que **'recordar'**, y una de ellas es cómo usamos correctamente el verbo ***"to remember"***. Decimos ***"to remember something/someone"*** para expresar un recuerdo o algo del pasado: ***"I don't remember him"*** (**'no le recuerdo'**) o ***"I remember going there"*** (**'me acuerdo de ir allí'**). Por otro lado, ***"to remind"*** es cuando alguien pide que otra persona le recuerde algo y siempre va seguido por un objeto indirecto, por ejemplo: ***"Please remind me to buy bread"*** (**'recuérdame comprar pan'**).

¡ojo!

Cuando usas el verbo ***"to recommend"*** como un consejo, (cuando en español se usa el subjuntivo después) no debes poner ***"to"***. Hay varias formas que son correctas, como ***"recommend + gerundio"*** o ***"recommend + that"*** así que intenta usar estas en su lugar. En vez de decir, *"I recommend you to go to that restaurant"*, di: ***"I recommend going..."*** o ***"I recommend that you go to that restaurant"***.

saber más

"Miss" es **'Señorita'**, ***"Mrs"*** es **'Señora'**, pero si no te apetece revelar tu estado civil siempre puedes emplear ***"Ms."*** ¡y así añades cierto misterio!

¡importante!

Hay tres cosas fundamentales en esta frase. 1.- La traducción de **'viaje'** no es *"travel"* sino ***"trip"***. *"To go on a travel"* es 100% espanglish. 2.- ¡Ojo! cuando traduzcas **'de cinco estrellas'** porque en inglés decimos ***"a five star hotel"*** con ***"star"*** en singular. 3.- Otro ***"phrasal verb"*** para la lista, ***"to run out"*** (**'quedarse sin'**).

pronunciation

"Single room", ***"double room"***, ***"twin room"***, ***"triple room"***... ¿Te acuerdas lo importantes que son las terminaciones en inglés? ¿Puedes adivinar qué pronunciación vamos a practicar ahora? ¡Eso es! La **'m'** al final de la palabra ***"room"***. **'Mmm'**... ¡quiero oírla! **/Rúummm/**, **/rúummm/**, **/rúummm/**. ¿Estás cerrando la boca y haciendo vibrar bien las cuerdas vocales? ¡Entonces lo tienes!

expressions

¿Qué tipo de viajero eres? ¿Prefieres los hoteles de lujo en el centro de la ciudad o primera línea de playa o prefieres un lugar más escondido y secreto? Hay tres expresiones muy buenas para decir **'en medio de la nada'**. La primera es la traducción literal ***"in the middle of nowhere"***, pero también decimos ***"out in the sticks"*** (**'en el quinto pino'**) o ***"off the beaten track"*** (**'apartado del circuito turístico'**).

Entonces ¿te gustan más los sitios ***"off the beaten track"*** o más ***"mainstream"*** (**'convencionales'**)? Si a ti lo que te gusta es escaparte y tienes la suerte de descubrir un sitio donde desconectarte del mundo real por un tiempo, cuando vuelvas a la civilización ten cuidado a quién le dices dónde has estado porque es posible que si todos te copian ¡ya no sea tan secreto! Cuando algo se populariza rápidamente, tenemos una expresión para decir que la gente **'se está subiendo al carro'**, ***"to jump on the bandwagon"***, (***"a bandwagon"*** es literalmente **'una carroza de los músicos'**). Sin embargo me lo puedes contar a mí, porque **'¡no se lo diré a nadie!'**, ***"I won't tell anyone!"***.

what they mean vs. what they say

Te he dicho que no se lo diré a nadie... ¿Qué estructura usábamos para traducir esto? ***"I won't tell anyone"***, ¡correcto! No olvides que no decimos *"I won't say anyone"* (es ***"to say something TO someone"***, o ***"to tell someone something"***, con ***"tell"*** seguido por el **objeto indirecto** y luego el **objeto directo**).

Y mientras estamos hablando de ***"say"*** y ***"tell"***, a veces en algunos ***"brochures"*** (**'folletos'**) de hoteles de lo que te **'dicen'** a la realidad hay una gran diferencia ¿Te suena alguno de estos ejemplos?

"A cosy room": Hmmm... ***"cosy"*** puede ser muy bonito, pero ojo, ¡porque muchas veces se emplea como sinónimo de ***"miniscule"***!

"Wi-Fi available": ***"Available"*** y ***"free"*** (**'gratis'**) son dos cosas muy distintas. Y por favor, recuerda la pronunciación: **/huaí_faí/** y no /uí_fí/.

"A stone's throw from the beach": ¡Depende de quién lance la piedra!

"Free continental breakfast": Un desayuno... ¡frío!

5. Beach bum

Playera

Lee la poesía en voz alta, ¡es muy bonita! **'Porque sea lo que sea que perdamos (como un tú o un yo), siempre es a nosotros mismos a quien encontramos en el mar'**. Vale, quizás tiene más impacto en inglés (a la derecha), pero la idea es lo importante. No hay nada como el mar con las olas recorriendo millas, el agua infinita, la arena y las piedras que nos podrían contar tantas historias... Cuando llegas a la orilla y te enfrentas a semejante inmensidad de agua es imposible no sentirse un poco más pequeño, pero a la vez un poco más vivo.

Pero ¡OJO!, porque todo este espíritu de romanticismo y poesía puede venirse abajo en un abrir y cerrar de ojos si le dices a la persona que esté a tu lado: ***"I love the*** /biich/***"***. ¡Nooooo! ¡Hemos visto una palabrota en el capítulo de negociación que suena muy parecida! Es esencial que pronuncies **PERFECTAMENTE** la palabra ***"beach"***, **/biich/** ¡Alarga esa **'ea'** hasta que no quede ninguna duda de lo que estás diciendo!

Cuando lo tengas dominado, tienes permiso para volver a meditar y elogiar lo maravilloso que es el mar y cuánto lo quieres...

> "For whatever we lose (like a you or a me) it's always ourselves we find in the sea."
>
> E.E. Cummings

PISTA AUDIO 35

Vocabulary

BASIC

Sunglasses	gafas de sol	/súnnnglaasssis/
Towel	toalla	/táual/
Sun cream	crema solar	/súnnn_kríimmm/
Sandy beach	playa de arena	/sándii_bíiiiiich/

INTERMEDIATE

To be sun burnt	quemarse	/tuu_bii_súnnn_béenttt/
Shade	sombra	/shéiddd/
Waves	olas	/huéivvvs/
Parasol	sombrilla	/párasol/

ADVANCED

Freckles	pecas	/frékals/
Choppy	picado	/chópii/
To get a tan	ponerse moreno	/tuu_gét_a_tán/
Deck chair	tumbona	/dék_chéee/

"Pronunciation, pronunciation, pronunciation" ¡No puedo decirlo más claro!

Intenta no confundir la palabra ***"shade"*** con ***"shadow"***. Las dos se traducen como **'sombra'** pero nuestro ***"shadow"*** es la silueta que forma el cuerpo cuando bloquea cualquier tipo de luz, mientras que usamos ***"shade"*** para hablar de zonas de sombra y diferenciarlo de las zonas al sol.

Quizás no tengas **'pecas'**, ***"freckles"*** pero es probable que tengas algunos **'lunares'**, que en inglés se llaman ***"moles"***, (igual que los animales: **'topos'**). También existe otro nombre que empleamos especialmente si el lunar está situado en la cara: ***"a beauty spot"***... Mucho mejor ¿verdad?

Translation List

PISTA AUDIO 36

Puedes conseguir toallas de playa en recepción.	**You can get beach towels from the front desk.**
¡Me senté en mis gafas de sol y se rompieron!	**I sat on my sunglasses and they broke!**
Tienes que ponerte crema solar con un factor 30 como mínimo, ¡si no te quemarás!	**You need to put on a sun cream that's at least factor 30, otherwise you'll burn!**
Yo no me pongo morena, en su lugar ¡todas mis pecas se juntan!	**I don't get tanned; all my freckles just join together instead!**
¡Mira qué olas más grandes! El mar está muy picado hoy.	**Look at those huge waves! The sea is really choppy today.**
Es una playa de arena impresionante, pero el problema es que no hay sombra en absoluto.	**It's a gorgeous sandy beach but the problem is there's no shade whatsoever.**
¿Cuánto cuesta al día alquilar una tumbona y una sombrilla?	**How much does it cost to rent a deck chair and parasol for the day?**
¿Es malo fingir que me estoy ahogando para que el guapo socorrista tenga que venir a rescatarme?	**Is it wrong to pretend to drown so that beautiful lifeguard has to come and save me?**

reto

Una palabra bastante larga para dos palabras tan pequeñas, **'si no'**. Intenta variar tus frases y la próxima vez que quieras decir ***"if not"***, usa ***"otherwise"***.

y otra cosa

"Whatsoever" es otra palabra larga y muy buena que a veces no se usa tanto como ***"at all"***. ¿Y por qué no, en vez de decir ***"nice"*** o ***"pretty"***, emplear el más grandioso ***"gorgeous"***?. Usar palabras como éstas dará más garbo a tu inglés.

saber más

Hemos visto la palabra **'contratar'** en el capítulo anterior que se traduce como ***"to hire"*** y aquí tenemos el verbo, **'alquilar'**, ***"to rent"***. Aunque a veces sí se puede usar ***"hire"*** como **'alquilar'**, no digas ***"rent"*** para personas. Un ejemplo: ***"We rented a boat and hired a guide"***.

recuerda

Sí, fingir no está bien. ¡Tampoco está bien pronunciar ***"wrong"*** con una **'w'** delante! Igual que con ***"writing"***, la **'w'** queda muda. ¿Y la pronunciación de ***"lifeguard"***? Muy bien, como ***"guest"***, no decimos **/laifgúarddd/** sino **/laífgaaddd/**.

pronunciation

Cuando ves el sonido **'sss'** como vimos en el capítulo de *"Fashion styles"* ¿de qué te tienes que acordar? Perfecto, de que no debería quedar ningún rastro de la **'e'** al principio de la palabras como *"styles"*. Repaso relámpago: ¿**'a rayas'**?: *"stripy"*, */sssstraípi/* y ¿**'elegante'**?: *"smart"*, */sssmáattt/*. ¡Así es! Este mismo sonido va al principio de palabras como **'sol'**: *"sun"* o **'arena'**: *"sand"*, pero cuando la segunda letra es una vocal, como en estas palabras, no cuesta nada. Tampoco suele dar problemas la **'s'** al final de los plurales, como *"towels"* (es una **'s'** más suave que la **'sss'** y parecida a la **'s'** en castellano). Sin embargo, cuando tenemos una **'s'** después de una **'t'** al final de una palabra entonces la cosa empieza a complicarse otra vez. Tenemos que recurrir a la **'sss'**, y esta vez al final de la palabra. Practica y di *"sunsets"* (**'puestas de sol'**): */súnsetsss/*, y ahora */láastsss/*. ¡Repítelas hasta que te salga sin pensarlo!

expressions

¿Te acuerdas del nombre de este capítulo? Se llama *"Beach bum"* y es el término que usamos para hablar de alguien a quien le encanta estar en la playa, relajado y sin las preocupaciones del mundo real. ¡Seguro que hay un poco de un *"beach bum"* en todas nosotras! Imagínatelo: *"The sun is shining"* (**'El sol brilla'**), el ruido de las olas y la playa en calma... poco a poco se te despeja la mente. En inglés tenemos una expresión bastante visual que es *"to blow away the cobwebs"*, literalmente **'limpiar las telarañas'** que se han acumulado desde la última vez que tomamos aire fresco.

Sí, en la playa es donde podemos **'relajarnos'**; parece que a los angloparlantes nos gusta mucho este concepto porque tenemos al menos tres traducciones parecidas: *"relax"*, *"kick back"* o *"chill out"*. Incluso tenemos otras dos expresiones muy alegres: *"to have a whale of a time"*, que significa **'pasarlo bomba'** (recuerda esta expresión visualizando literalmente una ballena en la playa) y *"life's a beach"*, (¿pillas el juego de palabras?). Apúntalas todas y usa la que más te guste.

did you know?

Los *"seagulls"* (**'gaviotas'**) no son un tipo de pájaro específico, sino que hay 25 especies distintas de *"gulls"*, (nombre científico: ***Laridae***).

Hay más de 900 **'burros'**, *"donkeys"* trabajando en las playas de Inglaterra. Los de color oscuro son los más populares porque no **'se queman'**, *"they don't get sunburnt"*.

Según un estudio sobre 2.750 personas, la playa contribuye en gran medida al bienestar de las personas. Más que los parques o el campo, ¡estar en la playa les hacía sentir mejor! Cuando les preguntaron por qué se sentían así, muchos mencionaron la luz brillando en el mar, el sonido del agua y **'los recuerdos de su infancia'**, *"childhood memories"*.

6. Snow days

Días de nieve

Hemos visto previamente el proverbio japonés, **'Cae siete veces y levántate ocho'**, y aquí sigue siendo pertinente pero por razones distintas. ¿Por cierto, cómo era la traducción? ***"Fall seven times, and stand up eight"***. En las pistas de esquiar es muy común ***"to take a tumble"***, **'darse un batacazo'**, o ***"to slip"***, **'resbalar'**, pero cuando lo estamos haciendo en un sitio tan impresionante como las montañas, no parece que duela tanto...

"Snow", **'la nieve'**, sin importar nuestra edad, tiene algo de mágica. Las **'montañas'**, ***"mountains"*** (pronunciación por favor, no es /móntains/ sino **/maúntins/**) los árboles cubiertos de nieve, los **'copos de nieve'**, ***"snowflakes"*** cayendo del **'cielo'**, ***"sky"***... Si llegas a la cima de una montaña nevada y miras a tu alrededor, parece que estás en una película, con un plató hecho solo para ti.

"Snowboarding", ***"skiing"*** o simplemente ***"walking in the snow"***, hay mucho por hacer en las montañas... Desafortunadamente no puede ser todo **'juego y diversión'**, ***"fun and games"***, ¡tenemos que aprender inglés! Así que **'mientras la nieve cuaja'**, ***"while the snow settles"***, vamos a ver un poco de ***"snowy"*** vocabulario...

> "I didn't know that the world could be so mind-blowingly beautiful."
>
> Justina Chen

PISTA AUDIO 37

Vocabulary

BASIC

To go skiing●	esquiar	/túu_gó_ssskíing/
Snowboard	tabla de snowboard	/snóubooddd/
Thermal pants	mallas térmicas	/zérmal_pántsss/
Helmet	casco	/hhhélmittt/

INTERMEDIATE

Gloves	guantes	/glúvvvs/
Protective layers	capas protectoras	/protéktivvv_léhies/
Ski lift●	telesilla	/ssskíi_líft/
Ski goggles	gafas para esquiar	/ssskíi_góguls/

ADVANCED

Slopes●	pistas	/ssslóupsss/
To tumble	dar una voltereta	/tuu_támbal/
Avalanche	alud/avalancha	/ávvvalaanch/
Frostbite	quemadura por frío	/fróstbait/

Solemos usar el verbo ***"to go"*** con algunas actividades como ocurre con ***"to ski"*** y ***"to snowboard"***. Decimos ***"I go skiing"*** o en el pasado ***"I went skiing"***. Recuerda esta estructura para sonar más nativo, porque si dices ***"I skied last week"*** suena más forzado que ***"I went skiing last week"***.

Existen varios tipos de ***"ski lift"*** aunque ésta es la palabra que usamos en general. Sin embargo, si quieres ser específico y decir que has subido en un teleférico cubierto, en vez de una silla expuesta al aire, podríamos usar ***"cable car"***.

Los americanos usan la palabra ***"ski runs"*** o ***"ski tracks"*** más que ***"ski slopes"***, así que si vas a esquiar a Estados Unidos o Canadá, apréndete estos también.

PISTA AUDIO 38

Translation List

¡No puedo esperar a ir a las pistas hoy con mi nueva tabla!	**I can't wait to hit the slopes today with my new snowboard!**
¿No encuentras difícil montarte en los telesillas con los esquís puestos?	**Don't you find it difficult getting on the ski lifts with your skis attached?**
¡Fíjate en mis guantes, mis gafas de esquiar y mi casco nuevos!	**Check out my new gloves, ski goggles and helmet!**
Se me enfriaron tanto las manos el año pasado que creía que tenía quemaduras por frío.	**My hands got so cold last year, I thought I had got frostbite.**
Ponte tantas capas protectoras como puedas, como mallas térmicas y cazadoras.	**Wear as many protective layers as possible, like thermal pants and vests.**
Di una voltereta en cuanto bajé del telesilla, pero rápidamente le cogí el truco.	**I took a tumble as soon as I got out of the cable car but I quickly got the hang of it.**
No hay nada mejor que una bebida caliente después de una mañana esquiando.	**There's nothing better than a hot drink after a morning of skiing.**
Algunos esquiadores llevan un aparato de rescate por avalancha en caso de emergencia.	**Some skiers carry an avalanche rescue device in case of emergency.**

¿te acuerdas?

¿Dónde hemos visto esta estructura antes? ¡Exacto! Hablando de ir de tiendas durante las rebajas, que era ***"to hit the sales"***. De la misma manera se puede decir ***"to hit the slopes"***, **'ir a las pistas de esquí'**.

¡apúntalo!

"To check-in" te suena de hacer ***"check-in"*** en un aeropuerto ¿a que sí? Y ¿***"to check in"*** y ***"to check-out"*** para decir **'entrar'** y **'dejar'** las habitaciones de los hoteles? Sin embargo, ***"to check out"*** tiene otro significado más informal; en este contexto significa **'fijarse'**: ***"Check out my new snowboard!"***.

importante

Una frase fundamental en inglés es ***"to get the hang of"*** y significa **'coger el truco'**. ***"Have you got the hang of it yet?"*** (**'¿Ya le has cogido el truco?'**). No olvides que la preposición ***"of"***, suena como **/ovvv/** y no /of/. ***"Have you got the hang of it yet?"*** ¡Seguro que sí!

saber más

¿Qué tipos de bebidas calientes conoces en inglés? ¿**'Café'**? Fácil: ***"Coffee"***. ¿**'Te'**? ¡Pan comido!: ***"Tea"***. ¿**'Chocolate caliente'**? Tampoco tiene truco: ***"Hot chocolate"***. Y ¿**'vino caliente con especias'**? ¡Aha! Esa no lo sabes ¿verdad? Es ***"mulled wine"*** que pronunciamos **/mmmúlddd_huainnn/**.

pronunciation

Ahora nos toca practicar las **'y'** en las palabras ya que no siempre salen como deben, especialmente cuando están colocadas en el medio de la palabra, como en *"layer"*. ¡Ahora a perfeccionar su pronunciación! Cuando vayas a vocalizar la **'y'** es necesario colocar la lengua en la parte inferior de la boca sin que toque los dientes. Ahora pensando en esto, practica vocalizando como si fuese una **'y'** castellana pero más suave, más como una **'y'** gaditana (vamos a llamarlo **'hi'**). *"Layer"*: */léhie/*, *"player"*: */pléhie/*... *"Now you've got the hang of it!"*.

expressions

A pesar de lo bonita que es la nieve, las expresiones relacionadas con *"snow"* y el **'frío'**, *"the cold"* suelen tener una connotación negativa. Para empezar tenemos *"to be as white as a sheet"*, que significa que alguien está tan blanco como el papel. También si alguien está *"snowed under"* con trabajo, significa que tiene mucho que hacer y no tiene tiempo para hacerlo todo... (*"to be snowed in"* es distinto, ¡significa que físicamente hay tanta nieve que no se puede salir!).

Seguimos con cosas negativas como *"to give someone the cold shoulder"*, que es otra manera de decir *"ignore"* (**'ignorar'**). ¡Y no paramos aquí, también se puede decir *"to leave someone out in the cold"* para decir **'dejar abandonado'**. Esto es muy cruel así que tenlo en cuenta sólo como referencia, ¡claro! Una expresión interesante que puede ser negativa pero a largo plazo es positiva es *"to go cold turkey"*. Esto significa que dejas de hacer algo por completo, como fumar o beber. Puede ser muy duro ¡pero tu cuerpo te lo agradecerá!

¿skiing or snowboarding?

Es el mismo debate de siempre, ¿qué es mejor? ¿Eres *"a diehard skier"*, **'un esquiador a muerte'** que piensa que *"snowboarding"* es sólo una moda pasajera? ¿O un *"snowboarder"* de toda la vida que cree que los *"skis"* son solo para *"geeks"* (**'empollones'**)? Vamos a ver algunos *"pros"* y *"cons"*, (no decimos **'contras'**) ¡Y tú decides!

Skiing	Snowboarding
Pros	**Pros**
Easier to get around on the mountain.	Whole body workout.
Good for thighs, bottoms and hips.	Burns more calories than skiing.
Cons	**Cons**
Can damage knees.	Learning to snowboard at first is more painful, especially if the snow isn't fresh.
Can take longer to get the hang of!	If you reach a flat section, it's hard to move!

Translation on page 221

7. Conversation

PISTA AUDIO 39

The Globetrotter with Keelin Mc Loughlin

X: Keelin, thank you so much for booking a flight, getting a coach, getting on the back of a wagon to be here today...

K: I actually rode in on my donkey!

X: It's true... She's parked it outside, on a **leash** and well... Oh Keelin, your donkey's running away.

K: He's always following me, don't worry about it, don't worry.

X: Keelin is a bit of a globetrotter, I must say. She's very well-travelled. Do you agree?

K: I would say I'm not well-travelled enough yet.

X: Ah, so there's more to explore!

K: By the time I'm an old lady I'll be a globetrotter extraordinaire.

X: Amazing, but where have you been in your young life so far?

K: I have been in several countries in Europe, mainly Ireland cos I'm from there...

X: That doesn't count!

K: The other continents I've explored are... I've actually lived in North America, I have been... I've travelled around South America, Australia, and parts of South-east Asia.

X: Amazing, so yes, pretty well-travelled **in my book**.

K: So far, so far...

X: So, in that case, I'm going to consider you an expert in packing. What's packing and why do we have to do it, and how can we do it better?

K: Packing; you really need good tips.

X: Yeah, no, totally, it's something that... you sit there wrestling your suitcase together trying to squish it all in and it just doesn't...

K: You need to squash all of your clothes in. I have a tip for you when you're packing your clothes, if you fold or roll the clothes up really tight, you can fit more in!

X: Ok! I just lay them flat; I put them there flat...

K: No, no, roll them up, and also you can stuff or squash your underwear into your shoes.

X: Ok, that is a good tip, it does sound like it would save quite a lot of space, if not make them a bit more smelly.

K: Also it depends on... it does definitely! But if you're a traveller you're always smelly.

X: Yeah, you don't care about that.

K: It depends on the type of bag you bring. I usually travel with a rucksack, ok, or you can call it a backpack. I always think a backpack is a little bit smaller, but a rucksack...

X: Interesting, I call it a rucksack.

K: A rucksack is a big travel bag. It's a good idea to buy one that opens down the side so that you can access all of your clothes and luggage.

X: Ah, ok, luggage – good, not luggages, baggages. Luggage! Excellent, so, we've packed, somehow, I don't know how! We've probably forgotten half of the important things but...

K: We've squashed in our clothes...

X: Exactly, and it's on the scales, and it doesn't seem to be overweight, this is good, ok, now, now we're at the airport. I hate being at the airport; please don't say you love it...

K: I love airports!

X: No!! Get out...

K: No, I do! Everyone... People don't understand; airports, bus terminals... I love train stations.

X: Are you joking?

K: I love waiting with a good book, and people-watching.

X: Ok, that is an advantage of an airport or a station, but what about the stress? What about the people that don't want to help you at customer service even though your flight's taking off in seven minutes and you're at the other end of the terminal?!

K: You need to be prepared; you need to bring your passport, research if you need a visa for your country of destination, which is always important. Being from Europe, we generally don't need very many visas, which is useful.

X: Well, when I went to Russia you needed, not just a visa, but an invitation. I did a sort of full-body scan and then he said to me, "So you're going to study... Well you've been studying Russian. Erm, why can't you speak Russian?" And he almost wasn't going to let me in the country because he didn't believe I had been studying Russian and I had a study visa so yes, learn the language really well, if... if you're going to Russia!

K: Only Russian, only Russian. What else do you need?

X: Well England as well... They might say the same thing, if you're going to England or Ireland....

> **"Leash"** 'correa'

> **"In my book"** 'en mi opinión'

K: You'll need to study your English.

X: Exactly! Fundamental!

K: Very true.

X: Anyway, so we're at the airport; Keelin's happy, I'm sad. Now, we take off... Do you like flying itself?

K: I do like flying. The take-off and the landing can be a little bit rough sometimes, but I'm generally calm.

X: Oh good, a calm traveller. I'm a very nervous traveller! So, we're exact opposites here.

K: Does the airhostess help you to calm down?

X: Not at all!

K: Does the bottle of wine help you to calm down?

X: That's always an option, yeah exactly. Finally we arrive; I'm happy now. Are you similarly happy?

K: Yes I am!

X: Ah, so you like landing?

K: I like to see the sights. I'm excited about the destination.

X: Yeah, it's always exciting.

K: Landing is no problem because I'm excited.

X: Ok, good, good, good. So yeah, have you ever managed to get to a city and then just get lost as soon as you get there?

K: Yes, pretty much every time, but that's the fun! Every time... When you land in a new place, you can't learn... you can't get to know a new city or a new place without getting lost first. So you probably should bring a map!

"A compass"
'una brújula'

X: Ok, a map's very useful. A **compass**?

K: If you're in the country. In a city you can't see the sun, let alone know where is North and where is South.

X: That is true, that's true. We'll leave the compass at home, it weighs a lot; we'll leave it there. But for example to get to the hotel, ok, how are you...

K: Hotel or hostel?

X: Yeah, no exactly, that's important. Because you start off maybe at hotels, and then, your budget runs out and you downgrade to the cheapest hostel you can find.

K: You're a low-budget traveller.

X: That's what happened to me anyway. At the beginning I was like, "Ah, we're fine. We'll stay here, that one looks pretty disgusting", and then at the end, "I'll take the disgusting please, as long as it's not..."

"Cockroaches"
'cucarachas '

K: **Cockroaches**, you can share with the cockroaches.

X: So, how are you at well, receiving directions?

K: I'm not very good at receiving directions; I like to figure it out myself. I like to find my own way, but if I know the local language, luckily a lot of people speak English while travelling and I can ask for directions.

X: Ok, and how are you at giving directions, Keelin?

K: I love giving directions, I love being friendly and helpful!

X: Are you one of those people that just makes it up? And that...

K: No, I would never. If I don't know I will just say, "I'm sorry I can't help you. I don't know where the post office is."

X: That's a relief, because there are those types of people that just enjoy, I think, giving false directions, and I always... they just won't say no... I always ask them, not anyone else that knows. I end up with them, so...

K: Maybe you're not good at receiving directions.

X: Incorrect! Let me test you, ok, so, Keelin, how do I get... "Excuse me, how would I get to the metro from here?"

K: "Hello lovely lady. You take a left out of the door?"

X: Oh, she doesn't know her lefts and rights! This is starting... starting off badly!

K: It depends on which direction you're approaching this from!

X: Ok, I'm taking my left.

K: Ok, I'll tell you what, I'll start again... You cross the road...

X: Right.

K: You take the first right. Walk down the street for three blocks...

X: Good, that's clear.

K: And you should see the metro in front of you.

X: No, not in my mind!

K: I think we've got two different metros.

X: That's true! Which metro are you going to? I would turn left, and then at the traffic lights, turn right. Follow the road down...

K: For three blocks...

X: For three blocks, and then you see the metro!

K: Ok, yeah.

X: Yeah, ok, well moving on quickly! In your world trip, (not travel!), what kind of accommodation did you stay in? You mentioned the word "hostel" so I'm guessing...

K: Budget accommodation.

X: Yeah, ok, so...

K: I would love to stay in a five star hotel but I don't have the money. I also like bed and breakfasts though;

they can be cosy and friendly.

X: That's true and sometimes they don't push your budget. They don't stretch that budget too much, which is good.

K: No, they can be very **reasonably priced**.

Mira la página 212 para saber más de esta estructura.

X: Yeah, exactly. Have you ever had any accommodation disasters in a foreign country that you can think of?

K: I can think of very dirty places where I've stayed and after that I would choose something a bit more **up-market**, to erase the memory of the cockroaches and the filthy kitchens.

"Up-market" 'de calidad superior'

X: I once stayed in a hostel where while we were sleeping someone walked in and stole our mobile phones! Yeah, you know when you're just like, oh!

K: That wasn't very nice.

X: That was terrifying! Yeah, so make sure they've got locks on their doors, that's always a tip.

K: Yeah definitely, bring a lock with you as well for privacy.

X: And on your trip, would you say now, you're a bit of a beach bum?

K: I'm a beach bum, yes.

X: Yeah? To your **core**? Is it where you most like to be? Or...

"Core" 'centro/ corazón'

K: I definitely feel more relaxed on a beach than inland. I love being beside the sea. I feel very calm at the ocean.

X: Ah, again, I'm the opposite. I get a little bit terrified of it; it's so big!

K: I'm **at one with** the sea. It's the solution to all my problems.

"At one with" 'en armonía con'

X: You're a water person!

K: I'm a water baby. I am a water baby, you know that.

X: Whereas, I dip my toe in and I'm just like... "Ahhh it's so cold!"... back to the sand.

K: No, I love a good swim in the Atlantic.

X: Well, no, it is beautiful to look at and very relaxing to look at, but I'm just not such a fan of those... **jellyfish**!

"Jellyfish" 'medusas'

K: Now, you've seen my skin though, so I probably shouldn't spend too much time at the beach because I might get burnt.

X: Ok, that's true. It's very important to use sun cream and protect yourself. Good.

K: And maybe wear a hat and your sunglasses, but as long as I cover up my freckles, as I've got lots of freckles on my skin, on my **pale** skin, I enjoy the beach. Sometimes I sit under the parasol if the sun is too strong.

"Pale" 'pálida'

X: And if, you know, you're totally trying to avoid getting sunburnt, you've always got the option of going to the mountains and snowing... well not snowing, skiing! You can't snow!

K: Where it snows!

X: Are you... It's the fundamental question: are you a skier or a snowboarder?

K: I'm a skier.

X: Good! At last!

K: **High five**.

"High five" 'choca'

X: High five! At last, we agree on something, we're both skiers. I mean snowboarders, I mean who are they? Who do they think they are?!

K: Too modern. Skiing is traditional; it's an old recognised sport.

X: Elegant... A bit like ballet, we both love a bit of ballet.

K: Yeah, exactly. We're sports buddies.

X: I think probably the reason we hate snowboarding is we're wimps, and it really hurts!

K: It hurts! You tumble over on your head, and then you tumble backwards onto your **arse**, and then you fall forwards again!

"Arse" 'culo'

X: Your bones shake in your body and...

K: You get muscle ache...

X: You get huge bruises, and...

K: Twisted ankles.

X: Oh, it's a mess! Skiing, you just fly down the pistes and get to the bottom and have your mulled wine and everybody's happy.

K: And everybody's happy, exactly. You take off your gloves and warm wine in your hands.

X: Exactly, that's the perfect way to end the day skiing. Ok, right, next holiday, skiing it is.

K: I'm there!

Test

1 ¿Cómo se dice?

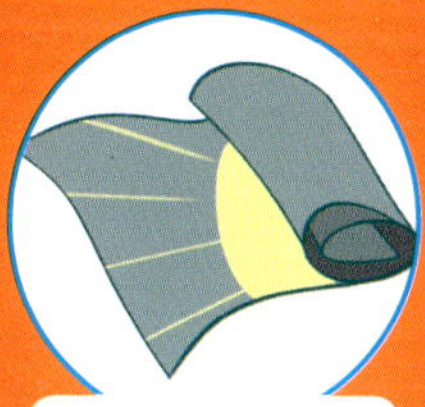

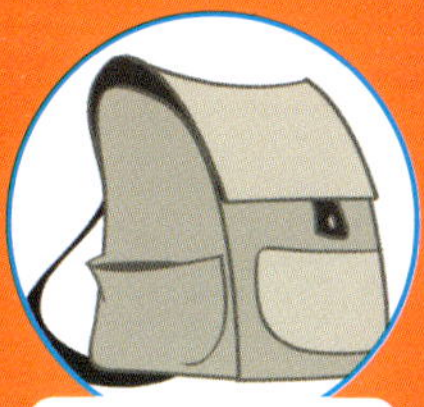

2 ...Amigo falso...

~~"We stayed at a hotel of five stars"~~

3 ¿Entendiste el audio?

What were Keelin's directions to get to the metro?

4 Elige la pronunciación correcta

"Mountains":

/móntains/ ☐

/maúntins/ ☐

5 Adjective agility

'Acogedor'

6 Traduce la expresión:

'Perder el tren'

7 Phrasal verb!

'Pasar la tarjeta'

8 Preposition time!

"Turn left ____ the fork"

Answers

1. Insect (bug) spray; towel; backpack/rucksack

2. We stayed at a five star hotel

3. You cross the road... You take the first right. Walk down the street for three blocks and you should see the metro in front of you

4. /maúntins/

5. Cosy

6. To miss the boat

7. To swipe in

8. Turn left at the fork

4. The Party Animal

1. Types of parties

Tipos de fiesta

"Big ones, small ones, fun ones, boring ones, inside ones, outside ones, long ones, short ones...", las fiestas tienen todo tipo de tamaños. Puede que los festivales sean lo tuyo y te encante estar en un campo lleno de barro y disfrazado como **'un pitufo'**, ***"a smurf"*** o puede que tu estilo sea más asistir a una cena elegante. ¡En todos los casos coincidirás en que a veces nos conviene ***"to let our hair down"***, **'relajarnos'** un poco! Y es interesante cómo las fiestas van evolucionando a lo largo de la vida; los botellones con el alcohol más barato posible, poco a poco han sido sustituidos por los cócteles más ricos aunque carísimos, ¡o por lo menos por una botella de vino que cuesta más de un euro! Pero lo que no cambia es esa sensación de emoción y libertad cuando sabes que tienes una noche entera por delante para disfrutar... Sea una vez a la semana o una vez cada tres años, tu ***"party animal"*** interior está al acecho esperando la llamada para salir...

"Party animal" no tiene traducción literal en castellano (¡qué lástima!). Significa **'fiestero/a'**.

> **"Nothing makes you more tolerant of a neighbor's noisy party than being there."**
>
> Franklin P. Jones

PISTA AUDIO 40

Vocabulary

BASIC

House party	fiesta en una casa	/haússs_páatii/
Dinner party	cena	/díne_páatii/
Club	discoteca	/clúbbb/
Festival	festival	/féstivvval/

INTERMEDIATE

Posh	pijo	/pósh/
Grungy	del grunge/sucio	/grúnchii/
Overpriced	carísimo	/oúvvvepráisssd/
Underage	menor de edad	/ándaéich/

ADVANCED

To ID	pedir la documentación	/tuu_ái_dí/
Trashy	cutre/basura	/tráshii/
Cloakroom	guardarropa	/clóukruummm/
Tab	una cuenta abierta	/tábbb/

Oír que la gente va a una **'discoteca'** es muy gracioso para los ingleses porque en Inglaterra ***"a disco"*** es una palabra ¡que solo usaría tu abuela!

"Grunge music" es un estilo de música tipo ***"rock"*** muy popular en los años noventa cuando ***"Nirvana"*** y ***"Pearl Jam"*** estaban en su apogeo. ¡Ahora usamos ***"grungy"*** como un adjetivo para describir sitios un poco descuidados!

Hemos visto ***"grungy"*** y ***"trashy"***, y ahora entrando en el reino de lo **'cutre'**, ***"tacky"*** la usamos cuando a un sitio le falta clase.

Translation List

PISTA AUDIO 41

¡Odio ese sitio, es un basurero además de ser carísimo!	**I hate that place! It's so trashy as well as being overpriced!**
Mi vecino siempre hace fiestas en casa muy ruidosas.	**My neighbour's always having really loud house parties.**
Hay un festival de música increíble donde todo el mundo va disfrazado.	**There's an amazing music festival where everyone dresses up.**
Vamos a una cena muy pija en el centro de la ciudad.	**We're going to a really posh dinner party in the city centre.**
Si no dejas el abrigo en el guardarropa, puede que alguien te lo robe.	**If you don't leave your coat in the cloakroom, it might get stolen.**
Tienen una política de no admisión a menores de 21 años, y estaban pidiendo la documentación a todo el mundo.	**They operate an over 21s policy and they were id-ing everyone.**
¿Por qué quieres ir a esa discoteca de grunge? Está llena de menores de edad bebiendo.	**Why do you want to go to that grunge club? It's full of underage drinkers.**
Si quieres abrir una cuenta, tienes que dejar la tarjeta de crédito en el bar.	**If you want to open a tab you have to leave your credit card behind the bar.**

¿te acuerdas?

Vimos que ***"a costume"*** es un **'disfraz'** en inglés. Y aquí tenemos el verbo que usamos para decir **'disfrazarse'**, ***"to dress up"***. También ***"to dress up"*** significa **'ponerse guapo/a'**, ¡pero normalmente se entiende por el contexto!

¡curioso!

En España parece que la palabra **'pijo'** tiene connotaciones algo negativas a veces, mientras que en Inglaterra su uso es más neutral. Muchas veces la usamos simplemente como sinónimo de **'elegante'** para describir un sitio lujoso.

¡ojo!

Un error típico es decir *"they stole me my coat"* pero esto no tiene sentido en inglés. Reservamos el verbo ***"to steal"*** para explicar el objeto que fue robado. Tenemos otro verbo ***"to rob"*** que sí se puede usar seguido de un pronombre personal. Apréndetelo bien: ***"They robbed me! They stole my coat / phone/wallet/purse!"***.

recuerda que

Cada sitio tiene su propia ***"policy"*** y hay que aprender bien la estructura. Puede que sea ***"an over 18s policy"***, ***"an over 21s policy"***, ***"an over 35s policy"***... ¡hay de todo!

pronunciation

"Overpriced cocktails" y *"underage drinkers"*, dos cosas muy habituales en el mundo de las salidas nocturnas. Lo que también es habitual es que la gente pronuncie mal estos prefijos bastante comunes. No es /óvapriced/, es necesario cambiar la **'o'** en una **'ou'**: /oúvvvepráisssd/. *"Underage"* tampoco se pronuncia como se escribe, di /ándaéich/ en lugar de /únderage/. Dominando estas dos pronunciaciones mejorarás la de otras palabras que usan esos mismos prefijos.

expressions

Vimos la expresión *"to let your hair down"* en la introducción, ¿te acuerdas de lo que significa? Sí, **'relajarte'** en el sentido de disfrutar y salir un rato con los amigos. Y si cambiamos de marcha y la noche de salida se convierte en fiestón, y la gente está animada, entonces ya podemos emplear otra expresión: *"to paint the town red!"* (**'¡desmadrarse!'**).

Por cierto, si oyes a la gente hablando de *"a rave"*, la traducción literal seria las fiestas que se hicieron famosas en los años ochenta cuando todo el mundo se reunía en un sitio que era como un almacén abandonado o algo por el estilo para bailar toda la noche. Aunque las *"raves"* han pasado algo de moda, la palabra se usa de manera bastante irónica para significar **'ir de juerga'**: *"to go raving"*.

False friends

Algo muy importante: quizás parezcan gorilas, o se comporten como gorilas, pero bajo ningun concepto puedes llamar a los hombres de seguridad *"gorillas"* a no ser que no valores mucho tu integridad física. En inglés tienen otro nombre, casi aún más ridículo, que es *"bouncer"*, literalmente alguien que bota, ¡seguro que botan a la gente fuera de **'la discoteca'**, *"the club"* por haberles llamado *"gorilla"*! Es curioso que en inglés **'echar a alguien'** se traduce como *"to throw someone out"*, ¡usando el mismo *"phrasal verb"* que usamos para decir tirar la basura!

Y por último, hemos aprendidos la *"over 21s policy"* o *"over 35s policy"* que siguen algunos bares y discotecas. Cuando hay demasiada gente a veces establecen otra política que en España no tiene nombre oficial ¡pero que es una de las más frustrantes que hay! Se llama *"the one in one out policy"* (**'cuando alguien sale, otro entra'**).

2. Throwing a party

Dando una fiesta

A todo el mundo le gustan las fiestas... ¡¿A quién no le puede gustar ir a un sitio lleno de comida y bebida especialmente cuando no tienes que hacer ningún esfuerzo?! Pero **'cuando se invierten los papeles'**, ***"when the tables turn"*** y te toca a ti **'dar una fiesta'**, ¡cómo cambia la cosa! Ya tienes que reflexionar y calcular una cantidad de opciones... El tipo de comida que preparar: o ***"finger food"*** o ***"a sit down meal"***; cuánto hielo será suficiente (por cierto, en inglés **'hielo'** es siempre incontable, es ***"ice"*** y no *"ices"* a no ser que especifiques que son ***"ice-cubes"***) o incluso volverte loca eligiendo el color de las servilletas... ¿o esto sólo me pasa a mí? No, no es nada fácil dar una fiesta, pero un buen punto de partida sería aprender que en inglés no decimos *"to give a party"* sino ***"to throw a party"***, ¡literalmente **'tirar una fiesta'**!

"The Tea Party"

"I had a little tea party
This afternoon at three.
'Twas very small-
Three guest in all-
Just I, myself and me.

Myself ate all the sandwiches,
While I drank up the tea;
'Twas also I who ate the pie
And passed the cake to me."

Jessica Nelson North

PISTA AUDIO 42

Vocabulary

BASIC

Invites	invitaciones	/ínvvvaitsss/
Finger food	picoteo	/fínge_fúud/
Buffet	bufé	/bbbúfei/
Sit-down meal	cena formal	/sssíttt_dáun_díne/

INTERMEDIATE

To have over	invitar a casa	/tuu_hávvv_óuvvve/
Host/ess	anfitrión/a	/hóussst/esss/
Party-bag	bolsas de cotillón	/páatii_bágs/
Nibbles	tentempié	/nnníbbbuls/

ADVANCED

Bunting	banderines	/bbbúnting/
Marquee	carpa	/máakii/
Speech	discurso	/ssspíich/
R.S.V.P	confirmar asistencia	/áar_ésss_vvvíi_píi/

Es correcto usar la palabra ***"invitations"***, lo único es que hoy en día es más común hablar de ***"invites"*** para fiestas informales. Para bodas y eventos muy formales, siempre hablamos de ***"invitations"***.

Al ***"phrasal verb" "to have someone over"*** le sacarás mucho partido si lo metes en tu lista mental, porque es una estructura muy usada en lugar de ***"to invite someone to your home"***, que solo encontrarás en novelas antiguas. También podemos decir ***"to have someone round"*** pero ¡ojo!, nunca decimos *"to have over someone"* o *"to have round someone"*.

¿Sabes qué significa ***"R.S.V.P"***? Viene de Francia y significa ***"Répondez s'il vous plaît"*** y seguro que lo usamos porque suena más bonito que ***"Please, confirm your assistance"***.

Translation List

PISTA AUDIO 43

Ven a casa este sábado por la noche a cenar.	Come over this Saturday evening for dinner.
¿Deberíamos hacer una cena formal o un bufé para picotear?	Should we do a sit-down meal or a buffet with finger food?
Vamos a montar una carpa en el jardín con algunos banderines.	Let's put up a marquee in the garden along with some bunting.
El anfitrión va a dar un discurso después del postre.	The host is going to make a speech after dessert.
La fecha que pone en las invitaciones para confirmar asistencia es el 22 de junio.	The R.S.V.P date on the invites says the 22nd of June.
No tienes que traer nada, habrá cosas para picar y bebida.	You don't need to bring anything, there will be nibbles and drinks.
¡Dar una fiesta es una de las cosas más estresantes que hay!	Throwing a party is one of the most stressful things ever!
Dieron regalos a los adultos y bolsas de cotillón llenas de chuches para los niños.	They gave out presents to the adults and party-bags full of sweets for the children.

recuerda que

No decimos jamás *"should we to do"*. No usamos el infinitivo sino el verbo en su forma básica: ***"Should we do..?"***, ***"We should go"***, etc.

¡apréndetelo!

El ***"phrasal verb"*** ***"to put up"*** significa **'montar'** una carpa. También usamos la frase para decir colgar banderines/ globos/pinturas/decoraciones de Navidad; ¡cualquier cosa que se cuelgue de una superficie elevada!

¡ojo!

¿Has dicho *"to do a speech"*? ¿Seguro? Espero que no, y si se te ha escapado, revisa bien la lista de ***"make"*** y ***"do"*** y repite ***"to make a speech"*** hasta que se te quede bien grabado.

saber más

La palabra ***"nibbles"*** es muy informal y es un sinónimo de la palabra ***"snacks"*** que en singular se usa para decir **'merienda'**. Si vas a una fiesta formal, los aperitivos que te sirven ya no se llaman ***"nibbles"*** sino ***"canapés"***, ¡otra palabra francesa que hemos tomado prestada porque suena elegante!

pronunciation

¿Qué es *"bunting"* exactamente? Son los banderines colgados de una cuerda de un lado al otro, o de un árbol a otro y que en Inglaterra se usan tradicionalmente en las fiestas en la calle. Ahora que sabes todo esto, tienes también que saber cómo pronunciarlo, ¡no es /vunting/! Quiero que practiques la **'b'** fuerte: **/bbbúnting/**, **/níbbbuls/**, **/bbbúfei/**. ¡Aprieta los labios para que no se vean los dientes!

expressions

Mientras estamos prestando atención a la **'b'** fuerte, tenemos una buena expresión que practicar para que la domines de una vez por todas: ¡***"to boogie"***! Es una palabra fundamental para tu inglés así que baila mientras lo dices... ***"Get down and /bbbúugggii/!"***. Pero hay que reconocer que hoy en día quizás ***"boogie"*** puede sonar algo antiguo y existen muchas variaciones nuevas para decir **'bailar'** en inglés. Una de mis preferidas es ***"to throw some shapes on the dance floor"***. Es muy coloquial ¡y se traduce literalmente como **'tirar unas formas en la pista de baile'**!

Quizás hay un ***"DJ"*** pinchando (que por cierto, no se traduce como *"to pinch disks"* sino ***"to play records"***) o tienes la música alta y estamos todos ***"throwing some shapes"*** y ***"getting down and boogying"***. Eso sólo puede significar una cosa... que **'estamos pasándolo bomba'**, ***"we're having a blast!"*** (o también se dice ***"we're having a ball!"***). Apréndelos bien junto con la expresión famosa ***"to be the life and soul of the party"***, **'ser el alma de la fiesta'**. Sin embargo, si bailar no es lo tuyo y prefieres hablar tranquilamente con la gente, siempre te queda la opción de mostrar tu domino del inglés conversando en la fiesta. Suelta algunas de estas expresiones de vez en cuando, pero ten mucho cuidado de usarlas correctamente ¡para evitar que ningún **'aguafiestas'**, ***"party-pooper"*** te corrija!

false friends

Hay una diferencia fundamental entre los dos idiomas que tenemos que resolver antes de que indirectamente ofendamos a alguien. En castellano hasta que no estés casado/a o tengas una pareja de hecho, eres **'soltero/a'** mientras que en inglés solo hablamos de que eres ***"single"*** si no tienes novio o novia (salvo en los documentos oficiales cuando hay sólo dos opciones ***"single"*** o ***"married"***). Recuerda esto porque puede que cause confusión, especialmente a la hora de traducir **'despedida de soltero/a'**. No empleamos la palabra *"single"* sino que cambiamos totalmente los nombres. Para los chicos es ***"a stag do"*** (**'una fiesta de ciervo'**), y para las chicas ***"a hen party"*** (**'una fiesta de gallinas'**). Y para confundirte aún más, apréndete también las versiones americanas; ***"a bachelor party"*** y ***"a bachelorette party!"***.

3. Restaurants

Restaurantes

Es cierto que los ingleses no somos famosos por nuestra **'alta cocina'**, de hecho no tenemos una palabra para expresar esta idea y cogemos prestada del francés la palabra ***"haute cuisine"***. Pero aunque no tenemos fama de tener platos ricos y exquisitos propios (salvo, por supuesto, el famoso desayuno: ***"The English Breakfast"***), lo que sí sabemos, es tomar prestada comida de todas las partes del mundo: ***"Indian, Chinese, Spanish, Italian, Thai, Japanese, Korean, French, Argentinian, Brazilian..."***... No te permito criticar a los restaurantes ingleses hasta que hayas **'hecho una reserva'**, ***"made a booking/ reservation"*** (¿te acuerdas, que usamos ***"make"*** y no *"do"*?) y hayas ido a comer un ***"curry"*** a ***"Brick Lane"*** o probado los ***"Singapore fried noodles"*** (**'unos tallarines fritos'**) en ***"Chinatown"*** en Londres. Pero tengo también que reconocer ¡que no hay nada como la comida española! La experiencia de cenar en España con un buen vino y **'un pulpo'**, ***"an octopus"*** del tamaño de tu cabeza es algo de otro mundo. Aquí, sinceramente ***"you're spoilt for choice"*** (**'tienes donde elegir'**), ¡y esta pobre inglesa está muy agradecida!

> "To eat well in England you should have breakfast three times a day."
>
> W. Somerset Maugham

PISTA AUDIO 44

Vocabulary

BASIC

Starter	primer plato	/ssstáate/
Main course	segundo plato	/méinnn_kóosss/
Dessert	postre	/deséettt/
Waiter/Waitress	camarero/a	/huéite/ /huéitrisss/

INTERMEDIATE

Chef	cocinero	/shéfff/
Tablecloth	mantel	/téibal_klóz/
Napkin	servilleta	/nápkin/
Booking	reserva	/búking/

ADVANCED

To tip	dejar propina	/tuu_típ/
To spill	tirar / verter líquido	/tuu_ssspíl/
Service charge	servicio de mesa	/ssséevvvisss_cháach/
Cutlery	cubiertos	/kátlee(r)ii/

Ten mucho cuidado con esta palabra. Fíjate cómo se escribe y que suena casi igual que **'desierto'**, ***"desert"***, pronunciado **/déseettt/.** Hay que prestar mucha atención al hecho de que el acento recae en la segunda sílaba y a decir **/deséettt/** si quieres que te traigan tu postre...

¿Pensaste que era ***"serviette"***? Esa palabra también se usa pero es más común decir ***"napkin"***.

Si estás en un restaurante y dejas caer la copa, en inglés no decimos *"you threw the drink"*, sino ***"you spilt the drink"*** usando el verbo ***"to spill"*** que empleamos al derramar/verter cualquier líquido. Y recuerda que cuando en inglés británico hay una **'t'** al final del pasado simple, en americano normalmente usan ***"ed"***: ***"spilt"* - *"spilled"***.

PISTA AUDIO 45

Translation List

¡No! ¡Me he tirado la bebida encima!	Oh no! I spilt my drink all over myself!
Es un restaurante muy elegante en las afueras del pueblo.	It's a very fancy restaurant on the edge of town.
El camarero era tan guapo que no pude evitar ruborizarme.	The waiter was so handsome that I couldn't help blushing.
Dejamos una propina grande ya que no nos dimos cuenta de que el servicio estaba incluido.	We left a big tip as we didn't spot that the service charge was included.
¡El primer plato estaba frío y la cubertería sucia!	The starter was cold and the cutlery was dirty!
El segundo plato era delicioso y también el postre.	The main course was delicious as was the dessert.
Se puede decir mucho de un local por los manteles y las servilletas que usan.	You can tell a lot about a place by the tablecloths and napkins they use.
Si no hubiésemos reservado, no habríamos tenido una mesa.	If we hadn't had a booking, we wouldn't have got a table.

¿te acuerdas?

"To fancy" significa **'apetecer'**, por ejemplo: ***"I fancy going to a restaurant"***. Sin embargo, aquí vemos la palabra como adjetivo, ***"fancy"***, que significa **'elegante'** o **'sofisticado'**.

ponte a prueba

"Can tell" y ***"spot"*** son sinónimos de ***"notice"***, **'notar'**. Intenta formar una frase con cada una de las estructuras, y así las vas a recordar mejor.

saber más

Para sonar como una inglesa hay que usar una variedad de estructuras. Añade ***"as was"*** en tus conversaciones de vez en cuando, en vez de siempre usar ***"as well as"***. Practícalo traduciendo esta frase: **'El primer plato estaba frío y también el segundo.'** ***"The starter was cold as was the main dish."*** ¡Así!

¡oh oh...!

Lo sé... ¡Cuánto has echado de menos el tercer condicional! Pero no te preocupes porque lo practicaremos aquí. Recuérdame cómo lo formamos: ***"If +had+participle / would've +participle"***, ¡Perfecto! Cambia esta frase al tercer condicional: ***"We left a big tip as we didn't spot that the service charge was included"*** - ***"We wouldn't have a left a big tip if we had spotted that the service charge was included".*** ¡Muy bien!

pronunciation

Ya has hecho la lista de traducción, y seguro que la has hecho muy bien así que, *"it's time for some champagne"*. ¡Pero espera! No te voy a servir si la pronunciación de *"champagne"* no suena 100% correcta. ¿Fácil, no? **/Shampéinnn/** con el sonido **'sh'** al principio a pesar de la **'ch'** que requiere la ortografía. Ahora recuerda esta pronunciación y aplícala al pobre **'cocinero'** que no es un /chéfff/ sino un **/shéfff/**. Repítelas 20 veces y cuando estés segura de que no vas a equivocarte nunca más, ¡abrimos el champagne!

expressions

Tenemos el champagne en la mano y alguien quiere **'hacer un brindis'**, ¿pero cómo lo decimos en inglés? Es otra estructura para la lista de *"to make"*; la expresión es *"to make a toast"*, literalmente **'hacer una tostada'**. También se puede usar *"to toast"* a secas. En esos momentos de la vida, cuando estás rodeada de cosas buenas y especialmente buena comida y bebida, se puede aplicar el dicho *"a feast fit for a king!"*.

Pero también existe **'el otro lado de la moneda'**, *"the other side of the coin"*: a veces, las cosas no siempre salen como querrías. Quizás es porque '**muchas manos en el plato hacen mucho garabato'** o como decimos en inglés: *"too many cooks spoil the broth"*. ¿Y por qué decimos *"cooks"* aquí y no **/shéfffs/**? Porque usamos *"chef"* para profesionales y *"cook"* para el resto.

really?

"Tipping", es algo que hay que tener en cuenta dependiendo del país en el que vivas. Si estás en Estados Unidos es costumbre dejar al menos el 15% del total de la cuenta como propina. Dejar el 10% significa que no estás del todo contenta, mientras que el 15% significa que ha sido aceptable. ¡Algunos americanos dejan propinas de hasta el 20% y más por un servicio sobresaliente! Qué decepción tiene que ser para los americanos cuando atienden a un europeo que está acostumbrado a dejar el 10% o menos... ¡y eso por un servicio excelente!

4. Dates

Citas románticas

"It's a question of trial and error" (**'ensayo y error'**) y los errores se convierten rápidamente en parte de las anécdotas que se contarán una y otra vez cuando las amigas se reúnan y recuerden esas citas del pasado gloriosas por ser las más terribles o ridículas... Como el hombre que pidió tu comida sin preguntarte lo que querías, el que hablaba sólo de sí mismo, o el que no hablaba de nada hasta el punto de que podías oír caer un alfiler. Se llama ***"The Dating Game"***, **/dz_déiting_gggéimmm/** porque es un juego, un juego serio que combina la dedicación, la perseverancia y ¡mucha suerte! Es necesario jugar, arriesgar, sufrir un poco y aprender, porque finalmente, después de noventa y nueve ***"Mr. Wrongs"***... ¡puede asomar un ***"Mr. Right"***!

"The man who has never made a fool of himself in love, will never be wise in love."

Theodor Reik

PISTA AUDIO 46

Vocabulary

BASIC

First date	primera cita	/féest_déittt/
Kiss	beso	/kísss/
Hug	abrazo	/hág/
To hold hands	coger de la mano	/tuu_hhhoúld_hhhánds/

INTERMEDIATE

To go out	salir	/tuu_gó_áut/
To pick up	recoger	/tuu_pík_áp/
Awkward	torpe/incómodo	/aúkua(r)d/
Spark	chispa	/ssspáak/

ADVANCED

To ask out	pedir una cita	/tuu_áask_aúttt/
To turn down	rechazar	/tuu_téen_dáun/
To hook up	empezar a salir	/tuu_hhhúk_áp/
To cheat on	engañar a	/tuu_chíittt_on/

La pronunciación de ***"hug"*** es una con la que muchas personas se equivocan. ¿Recuerdas el sonido entre una **'a'** y una **'e'**, **'a'**? Intenta decir **/hhhág/**. Si dices **/húg/** suena como la palabra ***"huge"*** que significa **'enorme'**.

Es una pena que no exista una traducción exacta de esta palabra. ***"Awkward"*** evoca la idea de una situación incómoda, pero también se usa con personas para describir a alguien no necesariamente torpe, pero que no se encuentra cómodo.

Aunque no nos guste, hay que aprender las dos formas de este verbo. ***"To cheat"*** a secas significa **'engañar'** en el contexto de un juego. Y si añades la preposición ***"on"*** ya significa **'engañar a alguien'**.

PISTA AUDIO 47

Translation List

¿Te acuerdas de nuestra primera cita?	Do you remember our first date?
¿Qué estás insinuando? ¡Sólo nos cogimos de la mano!	What are you implying? We only held hands!
¡Te vi besándole y abrazándole fuera del cine!	I saw you kissing and hugging him outside the cinema!
Me pidió salir pero le rechacé.	He asked me out but I turned him down.
¿Has oído que Miguel y Sandra han empezado a salir juntos?	Did you hear that Miguel and Sandra have hooked up?
Ella engañó a Frank con alguien del trabajo.	She cheated on Frank with a guy from work.
¡No había chispa en absoluto, fue terrible!	There was absolutely no spark, it was terrible!
Llevan doce años saliendo juntos pero todavía no están comprometidos.	They've been going out for twelve years but they're still not engaged.

¿sabías que?

Existe el verbo ***"to insinuate"*** pero apréndete también ***"What are you implying?"*** para dar más variedad a tu inglés.

recuerda que

En general cuando usas un ***"phrasal verb"*** con un **pronombre indirecto,** este tiene que ir entre el **verbo** y la **preposición** del ***"phrasal verb"***. No decimos *"I turned down him"* sino ***"I turned him down"***.

saber más

Cada persona tiene distintas ideas de los pasos que se dan en ***"the Dating Game"***. Pero en general se sigue este camino: os conocéis y ***"you hook up"*** o ***"you get together"***. Luego si la cosa sigue, ascendeis al nivel de ***"seeing each other"***. Después de un cierto tiempo ya ganáis el estatus de ***"going out"*** y cuando te pide la mano, ese sí es fácil: ***"you're engaged!"***.

¡ojo!

"To be engaged" es la expresión para decir **'estar comprometido'**, pero ¿te acuerdas donde la hemos visto antes? ¡Exacto! Hablando de ***"telephoning"***, donde la utilizamos para decir que un teléfono está ocupado.

pronunciation

Intenta acordarte de la última cita a la que fuiste, ***"Was there a /spáakkkkkk/?"***,***"Did you /hhhúkkkkkk/ up?"***, ***"Did your date /píkkkkkkkkkk/ you up?"***. Ya tienes una idea de qué vamos a practicar ahora; la **'k'** bien fuerte al final de las palabras. Los hispanoparlantes suelen tener problemas al pronunciar la última letra de la palabra de manera correcta. Hay que exagerar el sonido, ¡dilas en voz alta: **/spáak/**, **/pik/**, **/hhhúk/**!

expressions

"You're going on a first date" (**'vas a una primera cita'**) y tienes un nudo en el estómago, ¡qué poco romántico es eso! En inglés preferimos la versión con mariposas: ***"You have butterflies in your stomach"***. Y parece que nos gustan los animales para los temas de relaciones, porque también hemos adoptado una expresión especial para describir a alguien que se toma una relación demasiado en serio, ¡peligrosamente incluso! ***"A bunny boiler"*** es una frase despectiva y viene de la película ***"Fatal Attraction"***. Hoy en día es sinónimo de alguien posesivo hasta llegar a ser un **'psicópata'**.

false friends

Hay varios obstáculos que podemos encontrar en el mundo del ***"dating"***. Una cosa importante que hay que tener clara es en el momento de pagar la cena: ¿quién paga y cómo se organiza? En inglés hay varias opciones: ***"My shout"*** o ***"My treat"***, significa que quien lo ha dicho va a pagar. ***"To go halves"*** no tiene ningún truco y significa que compartes todo 50 - 50. Pero cuando alguien te pregunta ***"Shall we go Dutch?"*** puede que te produzca confusión. ¡No significa que la persona quiere llevarte a Holanda!, también significa pagar a medias. ***"Dutch"*** es **'holandés'** en inglés y la expresión puede remontarse al siglo XVII cuando Inglaterra y Holanda estaban siempre en conflicto a causa de las rutas de comercio.

Y para terminar, retrocede mentalmente a lo que les pasó a Ross y Rachel en la serie ***"Friends"*** y la famosa línea: ***"We were on a break!"*** (**'¡Estábamos separados/ nos habíamos dado un tiempo!'**). Parece que aunque hablemos el mismo idioma, ¡no es nada fácil entender al sexo opuesto!

5. Sex and Sexual health

Sexo y salud sexual

¿Entendiste la cita a la derecha? Léela otra vez. Los ingleses tienen fama de ser *"excruciatingly correct"* (**'terriblemente correctos'**) y por eso sería *"terrible manners"*, **'de mala educación'** usar la sucia palabra *"s*x"* directamente; preferimos recurrir a insinuaciones. Lo que pasa es que las insinuaciones no enseñan inglés... El hecho de ser inglesa significa que biológicamente no puedo ni oír la palaba *"s*x"* sin **'ponerme colorada'**, *"to blush"*. ¡Así que estoy haciendo un gran sacrificio por tu inglés! Ahora voy a pedir **'un descargo de responsabilidad'**, *"a disclaimer"*: si te consideras un *"prude"*, (palabra que usamos con bastante cariño y significa **'pudoroso'**) salta este capítulo porque *"the knitty gritty"* (**'las cuestiones delicadas'**) ¡puede que hieran tu sensibilidad!

"There are three possible parts to a date, of which at least two must be offered: entertainment, food, and affection. It is customary to begin a series of dates with a great deal of entertainment, a moderate amount of food, and the merest suggestion of affection. As the amount of affection increases, the entertainment can be reduced proportionately. When the affection is the entertainment, we no longer call it dating. Under no circumstances can the food be omitted."

Miss Manners' Guide to Excruciatingly Correct Behaviour

PISTA AUDIO 48

Vocabulary

BASIC

Protection	protección	/protékshannn/
Contraception	anticoncepción	/kontrasépshannn/
Safe sex	sexo seguro	/séifff_ssséksss/
To make love●	hacer el amor	/tuu_méik_láv/

INTERMEDIATE

Chemistry	química	/kémistrii/
Condom	preservativo	/kóndom/
The pill●	la píldora	/dz_píl/
A check-up	revisión médica	/a_chék_ap/

ADVANCED

A smear test●	citología vaginal	/a_sssmía_tésttt/
To get it on	liarse	/tuu_gét_it_on/
One night stand	rollo de una noche	/úan_náit_ssstánd/
A scare	un susto	/a_ssskéee/

Hay muchísimas maneras de hablar de **'hacer el amor'**, pero vamos a ser finos... Te avisé antes, ***"I'm a prude!"***, por cierto, es ***"make love"*** y no *"do love"*.

Como en castellano, ***"a pill"*** puede que sea cualquier **'píldora'**, pero si usamos el artículo y decimos ***"the pill"*** queda claro que es la píldora anticonceptiva.

Este examen tiene el nombre oficial de **'Papanicolaou'** y a veces se le llama ***"The Pap smear test"*** en inglés.

Translation List

PISTA AUDIO 49

Deberías tener una citología vaginal cada tres años.	**You're supposed to have a smear test every three years.**
Ella no usaba anticonceptivos y tuvo un susto.	**She didn't use contraception and had a scare.**
Si vas a tener sexo, asegúrate de que sea sexo seguro.	**If you're going to have sex, make sure it's safe sex.**
¿Qué es más seguro, la píldora o un preservativo?	**Which is safer, the pill or a condom?**
Ella me dijo que tuvo un rollo de una noche con alguien del trabajo.	**She told me that she had a one night stand with someone from work.**
Usar protección es esencial para prevenir las enfermedades de transmisión sexual.	**Using protection is essential to prevent STDs.**
Deberías ir a la clínica de salud sexual para una revisión rutinaria.	**You should go for a routine check-up at the GUM clinic.**
¡Hay química entre ellos! ¡Seguro que están liados!	**There's chemistry between them! They're definitely getting it on!**

¡cuidado!

La frase ***"to be supposed to"*** y ***"to suppose"*** son fáciles de confundir. ***"To be supposed to"*** se traduce en el ejemplo de arriba como **'deber'**, pero si usamos ***"I/you suppose"*** sin el verbo ***"to be"*** significa **'supongo/es que'**.

recuerda que

Para traducir **'seguro'** no decimos *"secure"* sino ***"safe"***. Y no te confundas con los comparativos: ***"safe"*** - **'seguro'**, ***"safer"*** - **'más seguro'** y ***"safest"*** - **'lo más seguro'**.

¿sabes que...?

El acrónimo ***"STD"*** significa ***"Sexually Transmitted Disease"***, **'enfermedad de transmisión sexual'**. También decimos ***"STI"*** que significa lo mismo, pero que usa la palabra ***"infection"*** en vez de ***"disease"***.

saber más

Aunque tenemos la palabra ***"gynaecologist"*** en inglés, si estamos hablando de citas médicas con el/la ginecólogo/a es más común referirnos a ***"GUM clinic"*** o ***"Sexual Health clinic"*** (**'clínica de salud sexual'**).

pronunciation

Hablando de ginecólogos, nos vamos a centrar en la pronunciación de la **'g'** al principio de las palabras en inglés. Al igual que en castellano, la **'g'** se pronuncia de dos maneras diferentes en inglés. Cuando la **'g'** va seguida de las vocales **'a'**, **'o'** y **'u'**, siempre es fuerte, como la **'g'** de **'gorrión', 'ggggggggggg'.** Practica el sonido correcto diciendo ***"gate"***, ***"goat"***, ***"guest"***, y di, ***"gynaecologist"***, **/gainakólochisttt/**. Pero veamos ahora qué pasa cuando la **'g'** va seguida de una **'e'** o una **'i'**. En palabras como ***"get"***, ***"give"***, la **'g'** todavía es fuerte, pero en palabras como ***"gem"*** y ***"gin"*** el sonido es más suave como la **'ll'** de **'llaves'**. ¡Qué lío! Pero como bien dicen ***"the exception proves the rule!"*** (**'¡la excepción confirma la regla!'**).

expressions

Ahora vamos a meternos en aguas más pantanosas, intentando no **'enrojecer'**, ***"to blush"***, pero haciéndolo con un estilo muy *"British"*, con el mundo de las ***"doublé entendres"*** (**'los doble sentidos'**). En las películas de ***"James Bond"*** las *Bond Girls* casi siempre tienen nombres que aunque parecen inocentes no lo son. Te pongo a prueba con dos de las más famosas a ver si puedes pillar los dobles sentidos escondidos.

1. ***"Pussy Galore"***: ***"Galore"*** en inglés significa mucho.... y ***"pussy"*** no sólo significa **'gatito'** ¡sino que es una palabra vulgar para lo que en inglés también se llama ***"private parts"***!

2. ***"Honey Ryder"***: ***"Honey"*** significa miel, pero si lo dices rápido, ¡se puede entender ***"horny"*** que significa **'cachondo/a'**! ***"Ryder"*** es un apellido pero que se pronuncia igual que ***"rider"***, **'alguien que monta'** y creo que con eso he dicho todo, ¿verdad?

false friends

¡Uf! Hemos subido el tono bastante y ahora nos toca dar algunos consejos prácticos. Como hoy en día todo el mundo sabe lo importante que es practicar ***"safe sex"***, existe un error común a la hora de traducir la palabra **'preservativos'** en inglés. Si en un país angloparlante pides en una farmacia *"preservatives"*, van a entender que quieres algún tipo de **'conservantes'**. La palabra correcta es ***"condoms"***. Pero ¡ojo! porque si vas a América, allí los preservativos se llaman ***"rubbers"***, que es la misma palabra que usamos para las inocentes **'gomas de borrar'**...

6. Alcohol and Hangovers

Alcohol y resacas

"Half a pint please, actually make that a pint..." (**'Media pinta por favor, mejor que sea una pinta...'**)

"A red wine please, actually make that a bottle..." (**'Un vino tinto por favor, mejor que sea una botella...'**)

"A whiskey and coke please, actually make that a neat..." (**'Un whisky con coca-cola por favor, mejor que sea solo...'**)

"A triple vodka on the rocks please" (**'Un triple vodka con hielo, por favor'**)

"It's certainly a love-hate relationship with alcohol... (**'una relación de amor-odio con el alcohol...'**)

Los vinos, la noche anterior bienvenidos, al día siguiente los odias con todas las pocas fuerzas que te quedan y juras que no vas a beber nunca más en la vida... ¡una promesa que normalmente dura siete días a lo sumo! Quizás ya hayas aprendido después de tanto sufrimiento, consigas tener una relación sana y madura con el alcohol y te quede algo de esperanza para descartar de una vez por todas la palabra *"a hangover"* (**'una resaca'**) de tu vocabulario. Pero justo cuando menos te lo esperas, te despiertas con esa sensación inolvidable, *"your head feels like it's full of cotton wool, your mouth is dry, you've got bloodshot eyes..."* y aunque estás pensando **'¡pero si no bebí tanto!'**, *"but I didn't drink that much!"*, no puedes negarlo... *"You're hung-over!"*.

> **"Alcohol may be man's worst enemy, but the bible says love your enemy."**
>
> Frank Sinatra

PISTA AUDIO 50

Vocabulary

BASIC

A drink	una copa	/a_drínk/
Cocktails	cócteles	/cókteils/
A double	un doble	/a_dábal/
To feel dizzy	sentirse mareado/a	/tuu_fíil_disii/

INTERMEDIATE

Shot	chupito	/shóttt/
Mixer	bebida para mezclar	/míkssse/
Headache	dolor de cabeza	/hédeik/
Spirits	licores	/ssspíritsss/

ADVANCED

Bloodshot eyes	ojos rojos	/bládshottt_aís/
To throw up	vomitar	/tuu_zroú_áp/
Lager	cerveza	/láage/
Soft drinks	refrescos	/sssóft_drínksss/

Y si con un doble no es suficiente y necesitas **'un triple'**, ¿cómo lo pediríamos en inglés? Exacto, se escribe igual que en castellano, pero el final de la palabra suena distinto: **/a trípal/**.

Es necesario tener mucho cuidado al hablar de lo que te duele en inglés. Aunque en español es un verbo reflexivo, en inglés lo que te duele es la parte del cuerpo (¡que por cierto nos pertenece a nosotros!) pero sin mencionar *"me"*, *"you"*, *"him"* o *"her"*, etc. **'Me duele la cabeza'** es ***"MY head hurts"*** y no *"my head hurts me"*.

A parte de ***"to throw up"***, también usamos ***"to vomit"*** ¡pero para ganar más puntos con tu inglés es mejor usar el ***"phrasal verb"***!

PISTA AUDIO 51

Translation List

¡Ay! Tengo un dolor de cabeza muy grande...	**Ow, I've got such a bad headache...**
¡No entiendo por qué tengo tanta resaca! Sólo bebí una cerveza y dos dobles...	**I don't understand why I'm so hung-over! I only had a lager and two doubles...**
...y después quizás un par de chupitos, seguidos de un par de cócteles...	**...and then maybe a few shots, followed by a couple of cocktails...**
Ese sitio pone alcohol de garrafón en las copas.	**That place puts dodgy alcohol in their drinks.**
Cada vez que bebo licores enseguida me siento mareada.	**Whenever I have spirits I feel tipsy straight away.**
Dijiste que te sentías mareada ¡y de repente vomitaste!	**You said you were feeling dizzy and then you suddenly threw up!**
Yo me quedo con los refrescos esta noche; estaba borracha anoche.	**I'm sticking to soft-drinks tonight; I was drunk last night.**
Se nota que tienes resaca, ¡mira qué ojos más rojos tienes!	**I can tell you're hung-over, just look at your bloodshot eyes!**

saber más

Hay dos tipos de ***"beer"***, **'cerveza'**: ***"lager"*** y ***"ale"***. ***"Lager"*** normalmente es más suave y ***"ale"*** tiende a ser un poco más fuerte. Los ***"ales"*** y especialmente los ***"bitter ales"*** tienen mucha popularidad en Inglaterra ¿Sabes que deben ser servidas a una temperatura de más o menos 12-14 grados? Es verdad que normalmente es una bebida consumida por señores mayores y como el nombre indica, son bastante **'amargas'**.

interesante

En Inglaterra **'garrafón'** no tiene un equivalente exacto. Yo diría ***"dodgy"*** porque es un adjetivo con varios significados a la vez: **'arriesgado'**, **'sospechoso'**, **'chungo'** y **'cuestionable'**.

¡ojo!

"To stick to" no tiene una traducción muy cercana en español, lo que estamos diciendo es que literalmente nos pegamos a los refrescos para evitar la tentación del alcohol. También la usamos mucho para hablar de dietas y decimos ***"to stick to a diet"***.

recuerda que

Se puede decir ***"to have a hangover"*** o ***"to be hung-over"***. ¡Apréndete las dos!

pronunciation

¿Cómo traducíamos **'tengo dolor de cabeza'**? Perfecto, ***"I have a headache"***, pero ¡espera! ¿Seguro que has dicho ***"I have a head /eik/"***, o se te ha escapado *"I have a head /ache/"*? Vamos a aprender a pronunciar el sonido ***"ache"*** y así cubres todo tipo de dolores y achaques. Recuerda que no es un sonido de **'ch'**, sino que cambia a **'eík'**. Entonces ¿cómo sería **'un dolor de espalda'**? ***"Back /eik/"*** ¡bien! ¿Y **'un dolor de garganta'**? Este tiene algo de trampa porque en inglés británico recurrimos a la estructura ***"to have a sore throat"***, pero sí se dice ***"throat /eik/"*** en EE.UU.

expressions

Te sientes mal... ¿cómo podrías sentirte mejor? Claro, con el famoso remedio ***"hair of the dog"***. ¡¿No sabías que el pelo de un perro da resultado para mejorar la resaca?! En Inglaterra dicen que para curar una resaca hay que volver a beber alcohol y, en este contexto, ¡es lo que significa ***"hair of the dog"***!

Ok, tengo que reconocer que pocas veces funciona el truco de ***"hair of the dog"***, y nadie ha inventado todavía algo para curar el temido ***"hang over"***. Otra expresión canina que utilizamos en estos momentos es ***"to feel rough as a dog"***, que resume perfectamente cómo nos sentimos al día siguiente de una noche de exceso de alcohol.

Y si te atreves a salir de casa con ***"bloodshot eyes"*** y ***"a terrible headache"***, ¡ojo!, no te cruces con nadie porque corres el riesgo de que vayan a pensar que ***"you look like you've been dragged through a hedge backwards"***, una expresión buenísima que implica que **'estás hecho un desastre'** y que literalmente significa que ¡parece que has sido arrastrado por los pelos por un seto!

learn more!

¿Qué los ingleses tenemos fama de coger **'borracheras'**, ***"drunkenness"***? ¿Pero, qué dices? Sólo tenemos 99 palabras para describir el proceso de **'emborracharse'**, que a propósito usamos con el verbo ***"to get"*** delante. Decimos ***"to get drunk"*** para hablar del proceso de emborracharse y ***"to be drunk"*** cuando ya estás borracho. A continuación hay una lista de adjetivos que tienes que intentar ordenar de menos a más borracho:

1. Battered **2.** Merry **3.** Sober **4.** Legless
5. Drunk **6.** Woozy **7.** Tipsy

(Ver la página 221 para ver el orden correcto)

5. The Health Nut

1. Nutrition and Dieting

Nutrición y dietas

Estás viendo una tarta de chocolate con muy buena pinta hecha por una compañera del trabajo ¿cuál es el primer pensamiento que pasa por tu mente? ¿**'¡Es míooooooo!'** o **'Hmmm, ese chocolate tiene 500 calorías, además, debe de tener bastante azúcar, sin mencionar las grasas saturadas que...'**? Si es la segunda, ¡es probable que entres en la categoría de ***"Health Nut"***! Pero ¡ojo!, primero tenemos que aclarar el término ***"a health nut"***; no tiene que ver con las nueces saludables, sino que es la manera afectuosa de llamar a la gente que está obsesionada con cuidar de su salud. Antes de que estrenes esta nueva expresión, recuerda las siguientes cosas: ***"health"*** se pronuncia **/hhhélz/** por lo que la **'a'** no se pronuncia y ***"nut"*** es **/náttt/**. ¡No caigas en la trampa de decir las vocales al estilo castellano!

Cada **'médico'**, ***"doctor"***, **/dókte/**, **'científico'**, ***"scientist"***, **/saíentist/**, **'nutricionista'**, ***"dietician"***, **/dáietishan/**, madre, suegra o vecino tiene su idea de lo que es mejor para mantenerte en forma por lo que aquí no vamos a **'contar calorías'**, ***"to count calories"*** o a hablar de trucos para perder peso... No, no, ¡aquí solo habrá trucos para hacer más ***"healthy"*** (**/hhhélzii/**) tu inglés!

"Just think of all those women on the Titanic who said, 'No thank you' to dessert that night. And for what?!"

Erma Bombeck

PISTA AUDIO 53

Vocabulary

BASIC

Low fat	bajo en grasa	/loú_fáttt/
Sugar free	sin azúcar	/shúga_fríi/
Carbs	carbohidratos	/káabs/
Protein	proteína	/próutiinnn/

INTERMEDIATE

Peanut	cacahuete	/píinattt/
To be allergic to	ser alérgica a	/tuu_bii_aléechik_tuu/
Vegetarian	vegetariana	/vvvechitée(r)iiannn/
Super food	alimentos hipernutritivos	/súupafuud/

ADVANCED

Whole-grain	cereal integral	/hhhóul_gréin/
Iron deficiency	deficiencia de hierro	/áion_defíshensii/
Un/saturated fat	grasa in/saturada	/an/sácha(r)eitid_fáttt/
Overweight	sobrepeso	/ouvvvahuéittt/

Entonces, si **'sin azúcar'** es ***"sugar free"***, ¿cómo decimos **'sin sal'**? ¡Exacto! ***"Salt free"***.

En el inglés hablado, solemos acortar la palabra ***"carbohydrates"*** a una más fácil ***"carbs"***.

Hay muchas cosas que recordar cuando usamos la palabra **'alérgica'**. La primera es que hay dos maneras de decir **'ser alérgica'**; decimos ***"to be allergic"*** o también ***"to have an allergy"***, pero jamás *"to have an allergic"*. La segunda es que la preposición que le sigue no es *"at"* sino ***"to"***. Finalmente, para decir **'desencadenar'** en el contexto de una persona alérgica, usamos el verbo ***"to trigger"***.

Lo contrario de ***"overweight"*** no debería ser difícil de adivinar, pero la pronunciación sí requiere bastante esfuerzo. Vocaliza bien el sonido **'huei'**, repitiéndolo diez veces hasta que las palabras ***"overweight"*** y ***"underweight"*** salgan con fluidez.

Translation List

PISTA AUDIO 54

Esa dieta prohíbe todo tipo de azúcares.	**That diet forbids all forms of sugar.**
¿Por qué compraste los yogures bajos en grasa? ¡Saben asquerosos!	**Why did you buy the low fat yoghurts? They taste disgusting!**
Tratamos de comer mucha proteína y evitamos comprar grasas saturadas.	**We try to eat a lot of protein and avoid buying saturated fats.**
Se ha probado que el pan integral tiene más nutrientes que el pan blanco.	**Whole-grain bread has been proven to be much more nutritious than white bread.**
¿Este plato tiene algún fruto seco? Mi amiga es alérgica a los cacahuetes.	**Has this dish got any nuts in it? My friend is allergic to peanuts.**
Parece que van a abrir un restaurante vegetariano muy bueno en la zona.	**Apparently they're going to open an amazing new vegetarian restaurant in the area.**
Solía tener sobrepeso, pero dejó de tomar carbohidratos a partir de las 6 de la tarde y perdió 15 kilos.	**She used to be overweight but she cut out carbs after 6 p.m. and lost 15 kilos.**
Teresa tenía que tomar suplementos de hierro porque tenía anemia.	**Theresa had to take iron supplements because she had anaemia.**

pronunciación

Además de ser tentador, la palabra **'azúcar'** es engañosa en inglés. No es /súgar/ sino **/shúga/**. Muchos alumnos lo olvidan... ¡no seas uno de ellos!

recuerda que

Si hay otro verbo que le sigue, ***"to prove"*** siempre va seguido por el **infinitivo** y no por el **gerundio**. Escribe cinco frases con ello para que no se te olvide.

¿sabías que...?

Los **'frutos secos'** pueden confundir a los angloparlantes. En Inglaterra al menos, en vez de decir *"dry fruits"* usamos la palabra ***"nuts"*** para hablar de cualquier tipo de nuez o fruto seco que no sea una fruta de verdad. Si pides *"dry fruits"* ¡corres el riesgo de que te traigan una manzana secada con una toalla!

¡ojo!

Aunque se escribe casi igual, la pronunciación de ***"anaemia"*** es distinta en inglés. Alargamos la **'e'**: **/aníimmmiia/**. Y también es muy importante acordarse de la pronunciación de la palabra **'hierro'**, ***"iron"***; en inglés la **'r'** es muda: **/aión/**.

pronunciation

¿Perdón, eres *"begetarian"* o ***"vegetarian"***? Sé que el concepto no tiene tanta base como en Inglaterra donde el 2% de la población son vegetarianos, pero aun así no es excusa para pronunciarla con una **'b'** al principio en lugar de una **'v'**. Por eso ahora vvvvvamos a practicar la **'v'** bien fuerte. Para producir su sonido correctamente hay que rozar los dientes superiores con el labio inferior, haciendo vibrar el labio al contacto con los dientes: di ***"vegetarian"*** **/vvvechitée(r)iiannn/** o su forma corta, ***"veggie"*** **/vvvéchii/**. Viene da la palabra que usamos para decir **'verduras'**, ***"vegetables"*** y es imprescindible que la pronuncies en tres sílabas y no cuatro. Repite conmigo: **/vvvéchtabbbals/** y no /begitábles/. Por cierto, mientras estamos con el tema, ¿sabes qué es un ***"vegan"***, **/vvvíigan/**? Es una persona que no come ni usa ningún producto que provenga de animales, ni **'productos lácteos'**, ***"dairy products"***, ni se ponen **'cuero'**, ***"leather"*** ni **'lana'**, ***"wool"***, etc. Una vez más ¿cómo era?: **/vvvíigan/**, **/vvvechitée(r)iiannn/**, **/vvvéchii/**, ¡perfect!

expressions

Aunque sabemos que ***"moderation"*** es lo ideal, a veces nos pasamos, o mejor dicho, ¡muchas veces! En navidades, invierno en general, cumpleaños, vacaciones... siempre parece que hay una razón u otra para ***"binge eating"*** (**'comer en exceso'**) o para comer demasiada ***"junk food"*** (**'comida basura'**). Gracias a esa tendencia que tenemos los seres humanos, existe el concepto de **'operación bikini'** que en inglés no tiene una traducción literal, pero podríamos utilizar formas de ***"diets"*** o ***"dieting"***. Tenemos los ***"crash diets"*** que no son nada recomendables para la salud. Como indica la palabra ***"crash"*** (**'estrellarse'**) es una **'dieta intensiva'**. También hay otras maneras de hablar de **'perder peso'**, ***"to lose weight"*** usando ***"phrasal verbs"*** con el verbo ***"to cut"***. ***"To cut down on"*** significa **'reducir'** y ***"to cut out"*** significa que suprimimos completamente algo de la dieta.

¡Qué aburrida es a veces la moderación!, y **'¡qué pena!'**, ***"what a shame!"*** que no podamos comer toda la tarta de chocolate que queramos sin consecuencias. Este dilema tiene que ser algo muy identificable porque existe el refrán ***"you can't have your cake and eat it!"***. Significa que no puedes tenerlo todo, ¡tienes que elegir! ***"What a shame!"***.

the food chart

Todo el mundo está al corriente de lo importante que es tener una dieta variada combinando proteínas, carbohidratos, cereales, verduras y frutas, ¿verdad? Para realzar el conocimiento de lo importante que es comer frutas y verduras, nació el famoso concepto de los **'cinco al día'** debido a una campaña del gobierno de EE.UU. en 1988 para promocionar la alimentación sana. Aunque en cada país ha evolucionado, en Inglaterra, al menos, se sigue viendo en muchas envases: ***"One of your five a day"***.

Ahora te voy a poner a prueba: ¿cuántos de estos grupos de comidas sabes en inglés?

(Las respuestas están en la página 221).

2. Health

Salud

Existe un famoso refrán que dice *"an apple a day keeps the doctor away"*, ¡pero a veces es mentira! A pesar de todas las manzanas que comas a diario, no es posible evitar los **'resfriados'**, *"colds"* y las ***'gripes'***, *"flus"* que circulan en el invierno, y tampoco las *"runny noses"*, **'narices moqueando'** ni las **'gastroenteritis'**, *"stomach bugs"* que te pueden atacar en cualquier momento.

Puede ser que todavía no hayan inventado *"a cure for the common cold"* (**'una cura para el resfriado común'**) ¡pero sí que existe una cura para tus errores en inglés! Asimila dos cosas antes de que empecemos a hablar de todo lo relativo a **'tu salud'**, *"your health"*.

Primera: ¿Te acuerdas de las reglas de cuándo usar *"well"* y cuándo *"good"*? ¿Sí? Pues ahora ¡olvídalas! En el contexto de *"health"* solemos usar siempre *"well"* como adverbio y también como adjetivo para decir **'bien'**. En vez de decir *"I'm (not) good"* o *"I (don't) feel good"*, di *"I'm (not) well"* o *"I (don't) feel well"*. La segunda: hablando de **'enfermedades'**, *"illnesses"*, es importante acordarse de que para la mayoría de enfermedades ¡usamos el verbo *"to catch"*!

> "Be careful about reading health books. You may die of a misprint."
>
> Mark Twain

PISTA AUDIO 55

Vocabulary

BASIC

To have a cold	estar resfriado	/tuu_havvv_a_coúld/
To be sick	estar enfermo	/tuu_bii_sík/
To be contagious	ser contagioso	/tuu_bii_kontéichusss/
Thermometer●	termómetro	/zeemómete/

INTERMEDIATE

To sniff	sorberse los mocos	/tuu_sssníf/
Tissues	pañuelos	/tíshuus/
Cough●	tos	/kófff/
Exhausted	agotada	/eksaússstid/

ADVANCED

Measles●	rubeola	/mmmiísals/
Bunged up	congestionada	/bángd_áp/
A runny nose	moqueo nasal	/a_ránii_nóus/
Run down	hecha polvo	/rán_dáun/

Aunque parezcan similares, la pronunciación de ***"thermometer"*** no es /termometer/. ¿Ves lo que falta? Sí, el sonido **'th'** al principio. Intenta mejorar tu pronunciación formando algo como una **'z'** castellana fuerte; colocando la lengua entre los dientes, y expulsando el aire con fuerza: **/zeemómete/**.

¿Estas ***"coughing"*** y ***"sniffing"***?, entonces es más que probable que estes ***"sneezing"*** también. ¿Puedes adivinar que es ***"sneezing"***? Eso es, **'estornudar'**, ¿y qué deberías usar si estornudas? No usamos ***"a kleenex"*** (es una marca) sino que decimos a ***"a tissue"***.

Hay otras enfermedades que suelen tener los niños más que los adultos, por ejemplo el temido ***"chicken pox"***. ¿Sabes lo que es? La versiona española no menciona los pollos; es **'varicela'**. ¿Y ***"mumps"***? **'Paperas'**. ¡Apréndete las dos por si acaso!

Translation List

¿Tienes un termómetro? Creo que estoy enferma y quiero comprobar si tengo fiebre.	Do you have a thermometer? I think I'm sick and I want to check if I have a fever.
¿Puedes creer que ya no suministran más la vacuna de la varicela?	Can you believe they don't provide the chicken pox vaccination anymore?
Es contagioso durante unos tres días aproximadamente.	It's contagious for approximately three days.
¿Estás segura de que no estás incubando algo? Pareces exhausta y suenas un poco congestionada.	Are you sure you're not coming down with something? You look exhausted and you sound a bit bunged up.
¡Ya sé que estás moqueando pero por favor, para de sorberte los mocos y usa un pañuelo!	I know you've got a runny nose, but please stop sniffing and use a tissue!
Mi asma está empeorando y estoy hecha polvo estos días.	My asthma is getting worse and worse and I feel really run down these days.
Pobre hombre, tuvo paperas durante un mes y después cogió la rubeola.	Poor thing, he had the mumps for a month, and then he caught the measles.
Estoy constipada, así que es mejor que no compartamos cubiertos para no extender los gérmenes.	I have a cold so it's best we don't share cutlery so as not to spread germs.

¡ojo!

Ten cuidado con esta estructura y no te confundas con *"I am cold"* (la traducción literal es **'estoy frío'**). Además, ten en cuenta que usamos el artículo ***"a"*** for ***"colds"*** (**'resfriados'**) y ***"fevers"***, (**'fiebres'**, que por cierto se pronuncia **/fiivvve/** y no /fiéber/). Sin embargo usamos el artículo ***"the"*** para ***"flu"***, que es **'gripe'**. Recuerda: ***"I have a cold/fever"*** pero ***"I have the flu"***.

saber más

También hay otro ***"phrasal verb" "to come down with"*** muy rentable a la hora de hablar de **'enfermedades'**, ***"illnesses"***. Solemos acompañarlo de una enfermedad específica como ***"chicken pox"***, ***"the flu"***; o cuando no sabemos qué nos pasa, decimos simplemente ***"something"***.

importante

Existe un ***"phrasal verb"*** muy bueno que usamos si acabas de tomar una **'medicina' "medicine"** y estás esperando los efectos. Decimos ***"it takes a while to kick in"*** (**'tarda un poco en hacer efecto'**). Entonces, ***"to kick in"***, ¡añádelo a la lista!

recuerda que

Aunque en castellano usáis dos verbos distintos para decir **'extender'** y **'propagar'**, en inglés usamos el mismo: ***"to spread"***. Y por favor, no digas /ssspréd_gérms/ con la **'g'** de **'Girona'**, es más como la doble **'l'** de **'Llanes'**: ***/ssspréd_lléems/***.

pronunciation

Estamos en baja forma, congestionados, estornudando y tosiendo. ¿Cómo era la palabra **'toser'** en inglés? Exacto, ***"to cough"***. Pero aparte de aprender la palabra y su difícil caligrafía, también tenemos que dominar la pronunciación de las letras **'ough'** juntas. Es importante acordarse que en muchas palabras el sonido **'gh'** suena como una **'f'**, así que ***"to cough"*** es **/kófff/**, ¡así de fácil!

expressions

"You're the picture of good health", ***"Why, thank you!"***. Qué cosas más bonitas dices, literalmente, **'eres el vivo retrato de la salud'**. Aprende esta expresión y úsala para ***"to get on someone's good side"***. Usamos esta segunda expresión cuando haces algo que complace a otra persona. ¿Puedes imaginar cómo es la expresión si haces algo desagradable o molestas de alguna manera a otra persona? Exactly: ***"to get on someone's bad side!"***. Si le dices a alguien que parece ***"as sick as a dog"*** (**'que está muy enfermo'**) cuando no lo está o ***"you sniff at someone"*** (**'miras a alguien con desdén'**), seguro que servirá ***"to get on their bad side"*** inmediatamente. Fíjate también que aquí ***"to sniff"*** cuando va seguido de la preposición ***"at"*** cambia de sentido totalmente. Ya no significa **'olfatear'** o **'sorberse los mocos'** sino **'desdeñar'**.

"Good side" y ***"bad side"*** aparte, apúntate una última expresión muy importante acerca de la salud. Si te sientes **'pachucha'**, puedes decir que ***"I'm feeling under the weather"***, una expresión que usamos un montón. ¡Literalmente significa **'sentirse debajo del tiempo'**!

false friends

En España **'sonarse los mocos'** es algo normal, ¿no? Pero en inglés si dices *"sounding your bogeys"*, la gente con la que estés hablando se va a ir rápido y sutilmente al otro lado de la habitación. En inglés los **'mocos'**, son ***"bogeys"***, pero no suelen aparecer en ninguna estructura más; ni tener mocos, ni sonar los mocos, ni nada, salvo si tienes niños, ¡entonces sí está permitido! Pero en general están **'prohibidos'**, ***"off limits"*** en una conversación. Para sonarse los mocos, decimos ***"to blow your nose"***, literalmente **'soplar la nariz'**.

Y por último, si vas a la farmacia y dices *"I'm constipated"*, ¿qué te van a dar? ¡Laxantes! El más famoso de los falsos amigos, ***"to be constipated"*** en inglés ¡significa **'estar estreñido'**! Usa o ***"I have a cold"***, ***"I'm bunged up"*** o ***"I have a runny nose"***, cualquier cosa menos *"I'm constipated"*.

3. Keeping fit

Manteniéndote en forma

Nos pasa a todos; aunque te esfuerces en cuidar lo que comes, a veces después de comer te sientas en el sofá y notas algo un poco raro en tu barriga... *"It's a food baby!"*●. Como decía el sabio *"Winnie-the-pooh"*, **'a pesar de no quererlo, un oso sin hacer ejercicio se vuelve un poco redondo'** ¡y desafortunadamente se puede aplicar lo mismo a los seres humanos!

"Tubby" (**'barrigón'**), *"chubby"* (**'rechoncho/regordete'**), *"bloated"* (**'hinchado'**) o *"fat"* (**'gordo'**), llámalo como quieras pero la verdad es que tu *"food baby"* sólo desaparecerá con un poco de esfuerzo físico... Así que lee esto mientras haces unos **'abdominales'**, *"sit ups"* y así **'¡matas dos pájaros de un tiro!'**, *"you kill two birds with one stone!"*. Sí, somos así de brutos los ingleses, matando a los pobres pájaros con **'una piedra'**, *"a stone"* en lugar de **'un tiro'**, *"a shot"*, ¡pero al menos así cuenta como algo más de ejercicio!

La versión un tanto masculina de esta frase es *"a beer belly"*, ¡literalmente **'una tripa de cerveza'**!

> "A bear, however hard he tries, grows tubby without exercise."
>
> A.A. Milne, *Winnie-the-Pooh*

PISTA AUDIO 57

Vocabulary

BASIC

In shape	en forma	/ín_shéip/
Fresh air	aire fresco	/frésh_éee/
To go swimming	nadar	/tu_gó_suíming/
Muscles	músculos	/másssals/

INTERMEDIATE

To stroll	pasear	/tuu_ssstróul/
To go jogging	hacer footing	/tuu_gou_(chll)óging/
A brisk walk	un paseo enérgico	/a_brísk_huóok/
To move around	ser activo/inquieto	/tuu_mmmúuv_aráund/

ADVANCED

Press ups	flexiones	/présss_ápsss/
Sit ups	abdominales	/ssíttt_ápsss/
Front crawl	estilo libre	/fránt_króol/
Breast stroke	estilo braza	/brésttt_ssstroúk/

En inglés algunas actividades siempre van con el verbo ***"to go"*** delante, como vimos en el capítulo ***"Snow days"*** con ***"to go skiing"***. **'Nadar'** es otro de ellos; lo usamos también cuando hablamos de **'hacer footing'**, ***"to go jogging"***, ***"to go speed walking"***, etc.

!¿*"To do footing"*?! ¡Un *"espanglishism"* total! No sé quién lo invento, pero no fueron los angloparlantes. Decimos ***"jogging"***, ¡y hasta EE.UU. y Gran Bretaña están de acuerdo en eso!

Estábamos de acuerdo con ***"jogging"*** por un momento, pero ahora los americanos y los ingleses discrepan otra vez; ***"press ups"*** en inglés americano son ***"push ups"***.

Translation List

PISTA AUDIO 58

Desde que hago footing me siento mucho más en forma.	**Since I've started jogging, I feel much more in shape.**
Soy mucho mejor nadando a braza que a *"crawl"*.	**I'm much better at breast stroke than front crawl.**
¡Necesitas salir de casa y ser más activo!	**You need to get out of the house and move around more!**
¡El ejercicio extenuante no es lo mío! me pongo rojo brillante.	**Strenuous exercise doesn't suit me! I go bright red.**
Últimamente me siento muy baja de forma. Me estoy volviendo más y más rechoncha.	**I feel so unfit lately. I'm just getting chubbier and chubbier.**
No hay nada mejor que dar un paseo enérgico al aire libre.	**There's nothing better than going for a brisk walk in the fresh air.**
Nadar es una buena manera de quemar calorías, igual que las flexiones.	**Swimming is a good way to burn off calories, as are press ups.**
Hacer abdominales es una manera excelente de tonificar los músculos del estómago.	**Sit ups are a great way of toning your stomach muscles.**

¡ojo!

Ojo con esta estructura. Para decir **'en forma'** hablando de la forma física de alguien, no decimos *"in form"*. Recuerda que es necesario usar ***"in shape"***. Es posible decir ***"in form"*** o ***"on form"*** pero sólo si quieres decir que alguien están en buena forma hablando de su manera o su técnica para hacer algo, y no su aspecto físico.

saber más

La palabra ***"stroke"*** tiene muchos significados. En este contexto es una **'brazada'**, y también puede significar un **'golpe'** en un contexto deportivo, como el golf. También puede significar **'acariciar'**, por ejemplo: ***"to stroke a cat"***. Y además usamos ***"to have a stroke"*** para decir **'sufrir un derrame cerebral'**. Ay ay ay ¡vaya ejercicio para la mente el acordarse de todo esto!

inténtalo

Aprende y pronuncia bien esta palabra, ***"strenuous"***. Aunque puede ser **'extenuante'**, merece la pena: **/ssstréniuusss/**.

¿te acuerdas?

Sin mirar... ¿cómo decimos la palabra que vimos en la introducción para **'barrigón'**? ¡Muy bien! ***"Tubby"***, con la **'u'** suave **/tábbi/**. ¿Y estar en forma? Perfecto... "***In shape***". Y ahora apunta estos dos vocablos más: ***"fit"*** un sinónimo de ***"in shape"***, y ***"unfit"*** que es **'fuera de forma'**.

pronunciation

Hemos mejorado mucho con las vocales y los sonidos engañosos del inglés, y ahora nos centraremos en encadenar las palabras para ganar aún más fluidez. Cuando leas palabras como *"fresh air"*, quiero que intentes imaginarlas como una sola palabra: */fréshéee/*. Repítelo hasta que te salga de forma natural. Y ahora repite el ejercicio con *"breast stroke"*: */bréststroúk/* ¡y ahora con *"in shape"*! */ínshéip/*, */fréshéee/*, */bréststroúk/*... *"Keep up the hard work!"*.

expressions

¿Qué significa *"keep up the hard work"*? Es una manera de decir **'sigue haciendo tan buen trabajo'**; aunque te canses y siempre haya obstáculos y retos personales a superar, ¡tú puedes! Trata el inglés como tu *"fitness regime"* (**'régimen de salud'**). Requerirá bastante *"huffing and puffing"* (**'resoplando'**) (que se pronuncia **/háfingandpáfing/** como si fuese una sola palabra) y aunque a veces vas a querer *"to throw in the towel"* (**'tirar la toalla'**), ¡no lo hagas! Recuerda que al final todo esto es *"survival of the fittest"* (**'supervivencia del que mejor se adapta'**). Antes de que te des cuenta, *"you (and your English) will be fit as a fiddle"* (**'sano como un roble'**).

Mira, te lo demostraré... ¿Te acuerdas del otro significado de la palabra *"fit"* que vimos en el capítulo de *"Shopping"*? You do?● Congratulations *"you're fighting fit!"* (**'¡estás en muy buena forma!'**).

Si no te acuerdas, echa un vistazo muy muy rápido a la página 25.

did you know?

"Jogging today.... Marathons tomorrow!" ¿Y por qué no? ¿Sabías que antes de 1971 **'no estaba permitido'**, *"it was forbidden"* que una mujer corriese una maratón porque pensaban que esa distancia iba más allá del límite de una mujer? Ahora más del 41% de las personas que terminan los distintos maratones del mundo son mujeres, cuatro veces más que hace 20 años. Si te entra pereza sólo de pensarlo, acuérdate de Abebe Bikila de Etiopia que corrió (y ganó) el maratón en los olimpiadas de 1960, batiendo el record mundial... ¡**'descalzo'**! Decimos en inglés *"barefoot"*.

Primero presta atención a la pronunciación de *"marathon"*: no es /maratón/ sino que tiene una **'th'** y el acento recae en la primera sílaba, así que es **/márazon/**. Segundo, aprende bien la palabra *"barefoot"*, **/béeefut/** y tercero, ¡apúntate a una maratón! O al menos a un *"brisk walk"* con amigas que es casi lo mismo, ¡¿verdad?!

4. In the gym

En el gimnasio

Existen tres letras que al ser oídas generan miedo en muchas personas: ***"The... G. Y. M"***. Es un tópico que puede dividir a las mejores amigas: una que jura que es lo mejor de este mundo y la otra que no quiere ver un gimnasio ni de lejos, o como decimos en inglés ***"they wouldn't touch it with a ten-foot pole"***. Es cierto que para mantener una relación con la gimnasia se requiere un poco de ***"blood, sweat and tears"*** (**'sangre, sudor, y lágrimas'**), ¡sobretodo ***"sweat"***! Y eso es exactamente lo que vamos a hacer ahora. A pesar de tus prejuicios, vamos a hacer un buen ***"workout"*** de tu inglés, ¡te guste o no! ***"Go, go, go!!!"***.

En la versión británica de la expresión diríamos ***"they wouldn't touch it with a bargepole"***.

> "I'm one of those strange people: I really love going to the gym."
>
> Julianna Margulies

PISTA AUDIO 59

Vocabulary

BASIC

Exercise bike	bicicleta estática	/éksasssais_baík/
Tracksuit	chándal	/tráksuuttt/
Changing room	vestuario	/chéinging_rúum/
Personal trainer	entrenador personal	/pérsonal_tréine/

INTERMEDIATE

To work out	entrenar	/tuu_huéek_áuttt/
To warm up	calentar	/tuu_huóommm_ap/
To sweat	sudar	/tuu_sssuéttt/
Locker	taquilla	/lóke/

ADVANCED

Treadmill	cinta de correr	/trédmil/
Rowing machine	máquina de remar	/róuing_mashíinnn/
Weights	pesas	/huéitsss/
To burn off	quemar	/tuu_béennn_offf/

Hemos visto que ***"changing room"*** es también como llamamos a un **'probador'**. ¿Te acuerdas de cuál era el otro nombre? ¡Claro que sí!, ***"a fitting room"***.

Estos dos **verbos** también puede ser **sustantivos**. ***"A work out"*** es una sesión de gimnasio y ***"a warm up"*** es el **'precalentamiento'** antes de hacer ejercicio.

Pronunciamos el deporte **'remar'**, **/róu/**, pero si decimos **/ráu/** se convierte en otro verbo totalmente distinto: ¡**'pelear'**!

Translation List

PISTA AUDIO 60

¿Has estado entrenando últimamente?	Have you been working out lately?
Estoy yendo al gimnasio tres veces por semana.	I've been going to the gym three times a week.
Todas las taquillas del vestuario están llenas.	All the lockers in the changing rooms are full.
Prefiero usar la bicicleta estática que la cinta de correr.	I prefer using the exercise bike to the treadmill.
Espero que calientes adecuadamente antes de usar la máquina de remar.	I hope you warm up properly before using the rowing machine.
Es su cumpleaños la semana que viene y voy a regalarle un chándal.	It's her birthday next week and I'm going to get her a tracksuit.
¿Estás preparada para sudar y quemar todas esas calorías?	Are you ready to sweat and burn off those calories?
Está pensando en contratar un entrenador personal.	She's thinking of hiring a personal trainer.

recuerda que

Con los **adverbios** ***"lately"*** (**'últimamente'**), ***"recently"*** (**'recientemente'**), etc., es necesario usar el **presente perfecto**, que es ***"have* + participio"**, porque es una acción que ha empezado en el pasado y no ha terminado todavía.

¡cuidado!

Ojo con no pronunciar ***"exercise"***, **/éjercise/**. ¡Quiero oír esa **'x'** fuerte! Recuerda que en inglés suena como una **'ks'**: **/éksasssais/**.

¿sabías que...?

No tenemos un verbo en inglés específico para decir **'regalar'**. Decimos ***"to give / get someone a present"*** o directamente pasamos de la palabra **'regalo'**, ***"present"*** y recurrimos a ***"to give /get someone something"***.

¡ojo!

Lo primero es lo primero, ¿has traducido **'pensar en'** como *"think in"*? ¿Estás segura? Repite 20 veces ***"think of"*** hasta que **'sudes del ezfuerzo'**, ***"you sweat with the effort!"***. Y ahora repítelo otras 20 veces, pero esta vez con el **verbo *"to hire"*** después, asegurándote de que usas el **gerundio**.

pronunciation

"Blood, sweat and tears", ¡eso es lo que quiero de ti en este capítulo! No pares de practicar el vocabulario, las estructuras nuevas y sobre todo la pronunciación hasta que suenes como una nativa. Empecemos con *"sweat"*, ¿Cómo se debería pronunciar? Te doy una pista, el sonido **'ea'** a veces se pronuncia igual que una **'e'**, como en el caso de *"sweat"* y *"treadmill"* que hemos visto en el vocabulario. Así que olvídate de esa **'a'** y repite: **/sssuéttt/** y **/trédmil/** y vuelve a repetirlo más, más, ¡MÁS!

expressions

Hemos visto una manera de decir que vas a las rebajas/las pistas de esquí, y podemos usar la misma estructura aquí para hablar de ir al gimnasio: *"to hit the gym"*. Recuerda esto para que cuando oigas a alguien usarlo no pienses que están **'golpeando'** el gimnasio.

Ahora que tenemos dominado *"to hit the gym"*, vamos a añadir otra frase... calientas un poco ¡y luego empiezas *"to pump iron"*! *"To pump"* es **'bombear'** y *"iron"* es **'acero'** pero todo junto forma un sinónimo de **'levantar pesas'**, *"to lift weights"*. Después de *"pumping iron"* durante bastante tiempo empezamos *"to sweat buckets"*, y no es muy difícil adivinar qué significa esto: **'sudar a chorros o a cubos'**... Y no tengo que repetir la pronunciación de *"sweat"* ¿verdad? Si lo olvidas tienes que repetirlo otras 50 veces más... como decimos en inglés *"you have to be cruel to be kind!"* (**'¡quien bien te quiere, te hará llorar!'**).

understand more

Lee en inglés las siguientes estadísticas para calentar y hacer sudar a tu mente. Levanta pesas mientras estudias y busca el vocabulario desconocido en el diccionario.

People use the gym to pick up dates. 50% of the gym goers only go the gym to check out the opposite sex or meet with friends.

Gym goers eat more chocolate. According to Market Research World, those people who go to the gym are, strangely, thought to be 18% more likely to indulge in chocolate bars.

Genetics can make you hate the gym. Researchers at Iowa State University found that people's ability to withstand the pain and exertion of exercise could be up to 50% genetically influenced.

5. Sports

Deportes

Quizás seas una de esas personas ultracompetitivas que no puede perder. O al revés, no entiendes por qué la gente puede gastar tanta energía y tiempo en perseguir una pequeña pelota o correr durante horas sólo para mejorar su ***"personal best"*** (**'su record'**). Menos mal que hay de todo porque si fuésemos como Martina Navratilova, estaríamos todos echando carreras para ver quién sube antes las escaleras del metro, o quien puede pagar más rápido en la caja del supermercado...

Al igual que hay infinidad de tipos de personas, hay todo tipo de deportes, ***"sports"*** (**/ssspóo(r)tsss/** ¡y no /esssspórts/!): los **'deportes de equipo'**, ***"teamsports"*** como ***"hockey"***, ***"football"***, ***"rugby"***, ***"netball"***, etc. o los '**deportes individuales'** como ***"gymnastics"***, ***"yoga"***, ***"pilates"*** o ***"ballet"***. Independientemente de cuál sea ***"your cup of tea"*** (**'tu preferencia'**) y de que se parezcan a sus traducciones castellanas, es muy importante que prestes atención y te esfuerces en no decir por ejemplo, /yoga/, sino **/hioúga/**, porque al final, ***"it's not whether you win or lose that counts"***, ***"all that counts is that you sound native!"***.

> *"Whoever said, 'It's not whether you win or lose that counts,' probably lost."*
>
> Martina Navratilova

Vocabulary

PISTA AUDIO 61

BASIC

Gymnastics	gimnasia	/(chll)imnástiksss/
Ballet	ballet	/bálei/
Yoga	yoga	/hioúga/
Hockey	hockey	/hhhókii/

INTERMEDIATE

Referee	árbitro	/refeeríi/
Match	partido	/mátch/
Championship	campeonato	/chámpionship/
Score	resultado	/ssskóor/

ADVANCED

Kit	equipamiento	/kíttt/
A tie	empate	/a_tái/
To thrash	dar una paliza	/tuu_zrásh/
To take up	iniciar	/tuu_téik_áp/

Con estos tres primeros deportes, ¿qué verbo usamos para decir **'hacer gimnasia/ballet/yoga'**? Correcto, ***"to do"***. Al igual que en castellano, para decir **'jugar al hockey'** usamos el verbo ***"to play"***. Pero ¡ojo!, en inglés nunca decimos *"to play to xxx"*, sino ***"to play hockey/tennis/football, etc."***.

¿Y sabes cuál es la palabra para **'torneo'** en inglés? Es ***"tournament"***, pronunciado **/tóonamenttt/**.

¡Ahora todo está claro! No estábamos hablando de corbatas, sino de **'empates'**. Otro sinónimo de **'un empate'** es ***"a draw"***, que usamos más los británicos que los americanos. Ambos pueden ser usados como **verbos**: ***"to tie"*** y ***"to draw"***. ¿Y en pasado? ***"They tied"***, ***"they drew"***.

Translation List

PISTA AUDIO 62

Cuando iba al colegio, jugaba en el equipo de rugby.	**When I was at school, I played in the rugby team.**
No soy muy de deportes de equipo, prefiero el ballet o la gimnasia.	**I'm not into team sports, I prefer ballet or gymnastics.**
Gabby siempre prefirió jugar al hockey que al "netball".	**Gabby always preferred playing hockey to playing netball.**
Estoy considerando empezar a hacer yoga en mi tiempo libre.	**I'm considering taking up yoga in my spare time.**
Ese árbitro es tan parcial. ¡¿Cómo pueden ir ya cuatro a cero?!	**That referee is so biased! How can it be 4-nil already?!**
Al final del partido empataron a cinco.	**At the end of the match they were tied 5-5.**
¿Quieres apostar? ¡Creo que le dará una paliza en los 100 metros!	**Do you want to bet? I think she will thrash her in the 100 metres!**
Organizan un torneo de tenis anual en mi club en el que juegas doce partidos.	**They organise an annual tennis championship in my club where you play twelve matches.**

recuerda que

Si quieres comparar dos cosas usando el **verbo *"to prefer"***, suena mucho más natural conjugar el **verbo** que le sigue en **gerundio**, como en este ejemplo. Sin embargo si quieres decir sólo **'yo prefiero jugar al netball'**, sin comparar, puedes usar ambas formas: ***"I prefer playing netball"*** o ***"I prefer to play netball"***. ¿Y qué es ***"netball"***? Un deporte muy popular en Inglaterra que se juega en los colegios de chicas parecido al ***"basketball"*** (**'baloncesto'**).

reto

Intenta asimilar y usar este **adjetivo** esta semana. ***"Biased"*** significa **'parcial'** o **'partidista'** y como no se parece a ninguna palabra española, puede ser una palabra fácil de olvidar. Una vez que la tengas asimilada, ¡ya verás cuanto partido puedes sacar de ella en el próximo partido!

saber más

¿Cuál es la diferencia entre ***"in the end"*** y ***"at the end"***? Este es un punto difícil para los estudiantes de inglés. Los dos significan **'al final'**, pero usamos ***"at the end"***, cuando nos referimos a un viaje, un libro o una película o, como en este caso, a un partido. ***"In the end"*** lo empleamos para decir **'al final de un proceso o argumento'**.

importante

"Do you want to bet?" (**'¿Apostamos?'**). Aprende esta frase para ganar respeto entre los angloparlantes por saber una estructura algo complicada y también para ganar más dinero... Suena mejor si lo dices todo junto: **/duíuanabéttt?/**.

pronunciation

Aunque parezcan iguales en los dos idiomas, no caigas en la trampa de pensar que también se pronuncian igual. Vamos a practicar las pronunciación de **'y'** y **'ey'**, como en ***"hockey"***, ***"rugby"*** y ***"volleyball"***. Esfuérzate y cambia el sonido **'ey'**, hasta una **'ii'** pero bastante corta. Repítelo grabándote la voz, luego escucha la entrevista de la página 154 y compara para ver si lo has dicho igual. ¡**/Hhhókii/**, **/rágbii/**, **/vvvóliibool/**!

expressions

Te lo he repetido muchas veces pero en otras palabras: ***"The ball is in your court"***. Aunque en castellano hables de que **'la pelota está en tu tejado'**, para acordarte de la frase en inglés, imagínate que estás en un partido de **'baloncesto'**, cuando la pelota está en tu campo, ¡tú tienes el poder! Y como decía al principio, el respeto por tu inglés depende del esfuerzo que hagas: ***"the ball's in your court!"***. Otra expresión que es algo parecida (y que deriva de billar) es ***"to call the shots"***. Si eres tu quien ***"calls the shots"***, ¡estás tú al mando!

Otra expresión muy útil es una que tiene su origen en el atletismo y en concreto en las carreras de corta distancia. Cuando en **'una carerra'**, ***"a race"*** alguien sale en falso antes del disparo de la pistola, decimos literalmente en inglés ***"to jump the gun"***. Así que no te precipites, apunta todas estas frases antes de empezar con otra cosa y ¡que no se te olviden!

false friends

Ya tenemos dominado ***"to tie"*** y ***"to draw"***, pero ¿sabías que si dos equipos van muy igualados también se puede usar ***"to be neck and neck"***?

Sin embargo si tu equipo de repente mete un ***"goal"*** o ***"scores a point/try/basket"*** y ganan, ¿qué vas a decir? *"We won them?"* o.... Sí, ¡mucho mejor! ***"We beat them!"***. Son muchos los alumnos que olvidan que el verbo ***"to win"*** sólo lo empleamos para decir ganar un juego/campeonato/premio, etc. mientras que ***"to beat"*** es el verbo que usamos para decir que alguien batió a su oponente. No te equivocarás más con esto a partir de ahora, ¡¿a qué no?!

Y por último, antes de que descanses un poco o de que pases de página, recuerda que un **'descanso'** en un partido no se llama *"a rest"* sino que normalmente es ***"half time"***, y cuando termina, ***"full time"***.

6. Hospitals and Emergencies

Hospitales y emergencias

"Hospitals", *"Emergencies"*, dos palabras que espero no tengamos que usar mucho en nuestros viajes a países anglófonos. Sin embargo, no somos **'invencibles'**, *"invincible"* y a todos nos toca en un momento u otro, cruzar esas puertas y adentrarnos en esos blancos e inmensos laberintos. Ya sea por **'accidentes'**, *"accidents"*, **'enfermedades'**, *"illnesses"*, **'partos'**, *"births"* o **'visitas'**, *"visits"*. Cada historia que se desarrolla en los hospitales es distinta. Quizás te sientas *"scared"*, **'asustada'**, *"sad"*, **'triste'**, *"tired"*, **'cansada'** o *"delighted"*, **'encantada'** (¡espero que sea esta última!). En este capítulo, quiero que imagines que el paciente en cuestión es tú inglés, ¡necesita que le cuides y le prestes mucha atención! Ahora pasamos de la **'sala de espera'**, *"the waiting room"* (que por cierto no es *"the hope room"* ni *"the expect room"*) ¡hasta *"the operating theatre"* (**'quirófano'**)!

"The very first requirement in a hospital is that it should do the sick no harm."

Florence Nightingale

Vocabulary

PISTA AUDIO 63

BASIC

Recovery	recuperación	/rekávvvee(r)ii/
Rest	reposo	/résssttt/
Nurse	enfermero/a	/néesss/
Surgeon●	cirujano/a	/sséechannn/

INTERMEDIATE

Pain	dolor	/péinnn/
Bandage	vendaje	/bándich/
Cast●	escayola	/káasttt/
Operating theatre	quirófano	/ópee(r)eiting_zíiate/

ADVANCED

Sprain●	esguince	/ssspréinnn/
Unconscious	inconsciente	/ankónshasss/
Drip	goteo intravenoso	/dríp/
Ward	sala	/huóo(r)d/

"Surgeon"... Qué palabra más difícil de pronunciar. Imagínate que la **'u'** es una **'e'** alargada, la **'g'** es una **'ch'** y el sonido **'eo'** es una vocal entre una **'a'** y una **'e'** (usamos la **'a'**). ¡Y así lo tienes!

¿Cuándo necesitamos una ***"cast"***? Exacto, ***"when we break something"*** (**'cuando nos rompemos algo'**). Recuerda que en inglés decimos ***"to break MY arm"***, ***"to break HIS leg"*** y no *"to break THE arm"*. También usamos ***"to fracture"***, **'fracturar'** y ***"to dislocate"***, **'dislocar'** para describir otro tipo de ***"injuries"*** (**/íncheeriis/**), **'lesiones'**.

Usamos ***"a sprain"*** para decir **'un esguince'**, pero también es muy común usar ***"to sprain"*** en su forma verbal: por ejemplo ***"I sprained my ankle"***. El **verbo *"to twist"***, que literalmente significa **'torcer'**, también se usa mucho: ***"I twisted my ankle"***. Por último, recuerda que hablando de las hernias de disco, decimos ***"to slip a disk"*** o ***"to have a slipped disk"***.

Translation List

PISTA AUDIO 64

Ahora mismo, todo lo que necesitas hacer es descansar.	**Right now, all you need to do is get some rest.**
Está bien y recuperándose en el hospital después del accidente.	**She's doing well and recovering in hospital after the accident.**
Está en estado de shock porque había bastante sangre, pero se pondrá bien.	**She's in shock because there was quite a lot of blood, but she'll be fine.**
Te dije que no lo hicieses demasiado ¡pero no escuchaste y ahora te has torcido el tobillo!	**I told you not to overdo it but you didn't listen and now you've sprained your ankle!**
Él le pidió a las enfermeras y al cirujano que firmaran su escayola.	**He asked the nurses and the surgeon to sign his cast.**
Estaba inconsciente cuando entró en el quirófano.	**She was unconscious when she went into the operating theatre.**
Después de la operación, le pusieron un goteo intravenoso y la llevaron a la unidad de cuidados intensivos.	**After the operation, they put her on a drip and took her to the intensive care ward.**
¡Es curioso verle todo vendado pero por lo menos ya no le duele!	**It's funny to see him all bandaged up but at least he's not in pain anymore!**

¡oh oh...!

"Blood"*, blurgh!!!!** Quizás eres más valiente que yo y **'no te desmayas'** ***"you don't faint" al ver **'sangre'**, ***"blood"***. Recuerda que para la forma verbal usamos ***"to bleed"*** y no *"to blood"*. Y otra cosa para ***"Operation English"***; recuerda el ***"phrasal verb" "to pass out"***, que es un sinónimo de ***"to faint"***. ¡Te pongo a prueba en un rato!

saber más

"To overdo" es un verbo interesante y significa **'hacer excesivamente'**. Muchas palabras que tienen ***"over"*** como prefijo contienen esa idea de **'exceso'** o **'demasiado'** de algo. Entonces ¿***"overeat"***? **'Comer demasiado'**, ¡exacto! ***"Overweight"***, **'con sobrepeso'**. ¡Ya lo tienes!

curioso

En Inglaterra **'los cirujano/as'**, ***"surgeons"*** no usan el título ***"Doctor"***. ***"Mr"*** o ***"Mrs"*** es considerado más prestigioso en el mundo de la medicina.

recuerda que

"Fun" y ***"funny"*** no son sinónimos ¿Cuántos alumnos dicen que algo es *"very funny"* cuando lo que quieren decir es que es **'divertido'**? De una vez por todas aclara la duda y apúntate que ***"fun"*** es **'divertido'**, y ***"funny"*** es **'gracioso'**. Y ahora, no es que ver a alguien vendado sea gracioso, pero los ingleses usamos este dicho ***"it's funny"*** para decir que algo **'es curioso'**. Ay, ay, ay, ese famoso ***"British humour"*** ¡No te lo tomes mal por favor!

pronunciation

"Could Patient X please go to the Pronunciation theatre?" Aquí te espero para practicar el sonido **'r'** que suele dar tantos problemas. Cuando veas una **'r'** después de un sonido vocal, el 99% de las veces deberías pronunciarlo muy suave, y no como la **'r'** castellana, y para ayudarte a recordarlo, la pondremos entre paréntesis: **'(r)'**. En vez de producirla con la lengua, se produce con la boca. Para pronunciarla correctamente, toca los dientes superiores con la parte interior del labio inferior mientras sacas morritos. Además, la lengua tiene que estar lejos de los dientes. Vamos a practicarlo con ***"ward"***, ***"recovery"*** y ***"operating theatre"***: **/huóo(r)d/**, **/rekávvvee(r)ii/**, **/ópee(r)eiting_zíiate/**. ¿Lo tienes?

expressions

Entonces ¿Te acuerdas del ***"phrasal verb"*** que usamos para decir **'desmayarse'**? Claro que sí, ¡el tratamiento está funcionando! ***"To pass out"***. Y ahora vamos a ver otros ***"phrasal verbs"*** que están relacionados con este capítulo. Cuando alguien **'se desmaya'**, ***"passes out"***, y cuando recupera la consciencia tenemos otro ***"phrasal verb"*** para la lista: ***"to come round"***. Repítelos seguidos: ***"to pass out, to come round"***. Y el último para tus apuntes: ***"to pull through"*** tiene el mismo significado de **'recuperarse'**. Normalmente lo usamos en el pasado simple o presente perfecto y decimos que alguien ***"pulled through /has pulled through"***. Significaría que ha pasado lo peor y ya está fuera de peligro. Ahora, traduce estas dos frases: **'Ella se desmayó pero luego recuperó la consciencia'** y **'Ella se desmayó pero se recuperó'**.

"She passed out but then she came round" and ***"She passed out but she pulled through."*** Excellent work!

helpful tips

Cuando alguien está enfermo en el hospital o inmovilizado por cualquier razón a veces no sabes lo que deberías decir, ¡especialmente si lo tienes que decir en inglés! Aquí hay tres frases útiles (y gramaticalmente correctas) para ayudarte en esas situaciones:

"How are you holding up?"	**'¿Cómo estás aguantando?'**
"I'm going to the supermarket; can I pick you anything up?"	**'Voy al supermercado, ¿te puedo traer algo?'**
"I hope you're as well as possible"	**'Espero que te sientas lo mejor posible'**

¡Y no olvides llevar uvas que es algo tradicional inglés!

7. Conversation

PISTA AUDIO 65

The Health Nut with Iryna Belskaya

X: Hello Iryna, how are you today?

I: I'm great, how are you Ximena?

X: Fine, thank you. Have you been to the gym yet?

I: Well give me a chance! It's only 10 a.m.

X: Iryna, you're supposed to be a health nut! Why haven't you been to the gym yet?

I: Well I've got a two and a half hour session planned for the evening.

X: Iryna is a health nut; explain what that is... I mean, it's a funny way of describing someone that's obsessed with their health right?

I: Well, I think you're getting it wrong! It's not being obsessed with your health...

X: Yes, it is...

I: No, it's not! It's about loving yourself and taking care of yourself.

X: Ok, I like that definition a lot more, because obsessed with the gym, it doesn't sound so good!

I: Well I am obsessed with the gym.

X: Yeah, you are also obsessed with the gym, but she likes taking care of herself. I've got it, that's what a health nut is. Brilliant! So would you say a health nut, or you for example, eats healthily?

I: Well, I do, and I always have.

X: Amazing!

I: And for the same reason, because I love myself I don't want to eat burgers and you know, food that is rich in fat and sugar.

X: Yeah. The problem is I think sometimes I'm treating my body really well but I think my body wants hamburgers and food rich in fat and sugar.

I: Well you have to spoil yourself sometimes. We all have **cravings**.

Verás esta palabra *"cravings"* en la página 191.

X: That's true. Some more than others!

I: But, I'm obsessed with salads, for example. I love my salads, and I think I've got this... this state of mind, I don't know what to call it, when I think that healthy is **tasty**.

X: Ah, that's amazing! Teach me how to get that, I need that!

"Tasty" 'sabroso'

I: I'll give you some tips.

X: Amazing... Because when I see a salad... and then I see the chips next to the salad, my mind is drawn to, of course, the chips.

I: Well you see I'm the opposite, I love my salads. I can eat salads for breakfast, lunch and dinner.

X: Oh my gosh...

I: And snacks...

X: Ok, ok, I need to get some tips from you. So even if, ok, they say you have an apple a day and it keeps the doctor away, is it true? I mean, have you never been to the doctor?

I: Well of course I have. I mean I am human!

X: She's not the bionic woman just yet.

I: Not yet!

X: Give her a couple of years... When was the last time you felt under the weather?

I: Well, to be honest, I've got this horrible thing called sinusitis. I don't know if you know what that is.

X: I think I do, but I'm not sure.

I: So every winter I get bunged up for maybe two months when I cannot breathe and like, my sinuses are blocked...

X: I remember, yeah.

I: ... and that's a horrible thing.

X: I have a few friends at home that have that. Is it also when the pollen comes out? Or is that allergies?

I: No, it's not that, it's not allergies, it's just...

X: Ah, it's totally different? Unrelated?

I: I think it's unrelated because I get that in winter, when I get a little bit of a cold, and it kind of develops into sinusitis, and that's a horrible thing. So it doesn't matter how healthily you eat, and how much you exercise, you always get something, you know, so that's my kind of...

X: **You poor thing**.

I: I know.

X: So you've always got some tissues handy in winter?

"You poor thing" 'pobrecito/a'

I: It's not about tissues. It's just you get so blocked that you cannot breathe. It's not about, you know like blowing your nose...

X: Ah, you can't get it out even blowing your nose?

I: No, you can't. You know, it's just like something inside your nose gets inflamed and you cannot breathe, and so it's like months and months and months on end and that's horrible.

X: You poor thing! Well, let's talk about positive things.

I: Sorry for complaining, yeah! That's really annoying.

X: No! But you love the gym, and well... How often do you go to the gym?

I: Well it depends, if it's a good week I can go up to five times.

X: I just... every time I hear this, I just can't believe it. And she doesn't just go for one hour! How long do you go, when you go to the gym?

I: Well if I go for one hour, one hour is not enough for me. If I'm there for an hour I don't really feel like I've done something, you know.

X: You haven't worked out enough...

I: No, if it's just one hour, for me, it's a warm up, you know.

X: So she **goes the whole hog**, she goes for 2.5... two and a half hours.

"To go the whole hog"
'poner toda la carne en el asador'

I: Well, for two - two and a half hours.

X: Amazing. I think you are the bionic woman.

I: I'm not, no.

X: Ok, no, but she's very, very, very fit and very, very healthy. So apart from the gym, do you do anything else to keep fit in general?

I: Err, yeah I've got a pair of **rollerblades**, so when the weather is warm and nice, I go to the park and I rollerblade. I'm horrible; I do not do it well.

"Rollerblades"
'patines de ruedas'

X: Yeah, I was going to say, you can teach me because I'm terrible.

I: No, I can just go straight, you know. I cannot even stop, or brake or turn.

X: "Watch out!!"... As she **mows down** a group of innocent tourists in the park... I think it's perfect!

"To mow down"
'atropellar'

I: Well, that's how I **brake**, yeah!

"To brake"
'frenar'

X: Perfect! Amazing... So Iryna, apart from gym, that, and in the park rollerblading do you do other sports for example, like at school did you ever play hockey, rugby?

I: Ximena, do you see me playing hockey or rugby? I'm very feminine!

X: Hold on! I played rugby at school and I'm not even a health nut! Well...maybe!

I: You are, you are, I think you are. You are...

X: If Iryna says it, then it's true.

I: You should interview yourself.

X: So no rugby and no hockey?

I: No rugby, no hockey. I just did choreography for five years which I did not like, and I did not appreciate when I was a child.

X: Really?

I: Now I regret, you know. I wish...

X: What type of things did you do in choreography? It's a difficult word to say; choreography.

I: Choreography, yeah it's a bit long, isn't it? Well it's something similar to ballet, so you do all those movements, like ballet-like movements if that makes sense!

X: Yeah, it does.

I: Yeah, so you just train for like two or three hours every morning, and being a child and training for three hours and then going to school, that was a bit too much, so that's why I did not appreciate that.

X: In fact, you did say earlier that I was a health nut... I don't associate myself now as being particularly... someone that does a lot of exercise, but it's true, when I was younger I was definitely a health nut. I did ballet every week, four times a week I think sometimes, or dance. So yeah, yeah, maybe I am!

I: I think you are.

X: **Deep down**, my inner ballerina means that I'm still a health nut. Phew! That's good. So now, we were talking about sinusitis, have you ever had any other sports related injuries that you can think of?

"Deep down"
'en el fondo'

I: I cannot think of anything. I think I'm always being very careful with what I do, and I kind of, I know my limits.

X: Ok, that's good.

I: Sometimes I try to push my limits because I know that I can do more, you know, but like, I've never been that **careless** as to get an injury.

"Careless"
'descuidado'

X: Ok, so when you lift weights you make sure that...

I: I make sure that I'm in the right position, that the weight is right, and that there is an instructor who's watching.

X: Yeah. And do you warm up and warm down at the end of every class?

I: I warm up and cool down.

X: Ahh!! I say warm down!

I: It doesn't make sense!

X: Different phrasal verbs, different people! So, no, it's always very, very important to let your muscles relax gently at the end of exercising. So you've never broken anything?

I: Well, thank god, no, not yet.

X: Really? Let me tell you what happened to me. Ask me...

I: What happened to you?

X: Ask me what happened.

I: Ximena, what did you do? What happened to you?

X: So you are very careful and you don't take risks... I don't know what's wrong with me; I think I can do everything! So when I was in Andorra doing **downhill** mountain biking. It was called downhill mountain biking...

I: It sounds so dangerous already.

"Downhill"
'cuesta abajo'

X: I know! I know, I don't know what happened, but I had an instructor, I thought I was great! And in fact I was really good; the first day, I didn't fall over, I didn't hurt myself. We were wearing helmets, wearing sort of protection, protective clothing and pads on our arms and knees. And day two, I just... I exceeded my limits. I went... well I'm not very... I haven't got a lot of stamina, so I couldn't make it to the top of the hills that we had to go up! So when I saw a downhill slope I just thought, right that's it, I'm going for it. I think I went at 100 miles an hour...

I: What?!

X: Downhill! And then... and the instructor had said, "Don't brake", because you know it's a really long hill going upwards afterwards, an uphill slope so... "Just go for it!" I went for it... And I ended up just falling flat on my face, falling off the bike, and my thumb, I have never... It was dislocated, but totally pushed inside, **swollen up** like a basketball. It looked ridiculous. As soon as I... I was covered in blood... As soon as I looked at it I fainted. I passed out four times before getting to the hospital, and then they had to try and click it back into place. It was... It makes me **shiver** just thinking about it.

"Swollen up"
'hinchado'

"To shiver"
'tiritar'

I: That was your instructor's fault.

X: Let's blame the instructor.

I: How could he say that? You just did what he was saying.

X: Not mine, not for being ridiculous.

I: Of course not.

X: So no, good, keep being like that. Keep taking care at the gym, whenever you're doing exercise and thank you!

I: Well thank you Ximena, it was a pleasure.

Test

1

¿Cómo se dice?

2

...Amigo falso...

~~"Have you got a tissue? I'm so constipated."~~

3

¿Entendiste el audio?

What sport did Iryna do when she was at school and how often did she train?

4

Elige la pronunciación correcta

"Vegetables":

/vvvéchtabbbals/ ☐

/vvvechtábbbals/ ☐

5

Adjective agility

'Parcial'

6

Traduce la expresión:

'La pelota está en tu tejado'

7

Phrasal verb!

'Desmayarse'

8

Preposition time!

"She's allergic ___ nuts"

Answers

1. Treadmill; bandage; weights

2. Have you got a tissue? I've got a cold

3. Choreography. She trained for two to three hours every morning.

4. /vvvéchtabbbals/

5. Biased

6. The ball's in your court

7. To pass out

8. She's allergic to nuts

6. The Princess

1. Body care

Cuidado del cuerpo

"The body is a temple", ¡aunque a veces es fácil olvidarlo y descuidamos un poco nuestros pobres templos! Pero ahora es el momento de convertir esa **'piel seca'**, *"dry skin"* en **'piel sedosa'**, *"silky skin"* y eliminar un par de telarañas de nuestra mente a la vez. Como dijo Buddha en la cita a la derecha, **'mantener el cuerpo en buena salud es nuestra obligación, si no, no podemos mantener la mente fuerte y lúcida'**. Para fortalecer la mente vamos a repasar cuando usar *"good"* o *"well"*. La diferencia es que *"good"* es un adjetivo, y como vemos en la cita puede ir delante de sustantivos, *"good health"*, *"good skin"*, *"good hair"*, y *"well"* es el adverbio: *"he looks after his body well"*. Pero, recuerda que siempre hay excepciones, ¡como hemos visto en el caso de *"Health"*! Ahora apúntate en la lista el *"phrasal verb"* *"to look after"* que significa **'cuidar'**, y ya estamos calentando para hacer un poco de *"body work"*...

"To keep the body in good health is a duty, otherwise we shall not be able to keep our mind strong and clear."

· Siddhartha Gautama *"Buddha"*

PISTA AUDIO 66

Vocabulary

BASIC

Deodorant	desodorante	/diióudee(r)anttt/
Lotion	loción	/loúshan/
To exfoliate	exfoliar	/tuu_eksfoúliieittt/
To apply	aplicar	/tuu_aplái/

INTERMEDIATE

Hygiene	higiene	/hhhái(chll)iinnn/
To moisturise	hidratar	/tuu_moíssstiu(r)ais/
Dehydrated	deshidratado	/diihhhaidréitiddd/
Dry skin	piel seca	/drái_ssskínnn/

ADVANCED

To rub	frotar	/tuu_rábbb/
To slather	untar abundantemente	/tuu_ssslázе/
Silky	sedoso	/sílkii/
Foam	espuma	/foúmmm/

Ten cuidado de no introducir ninguna **'s'** extra en la versión inglesa de esta palabra. Fíjate también que la primera **'e'** suena más como si fuese una **'i'** larga: **/diióudee(r)anttt/**

También usamos ***"moisturise"*** como sustantivo. En vez de decir ***"moisturising cream"*** mucha gente usa directamente la palabra ***"moisturiser"***.

Aparte del verbo ***"to slather"***, también existe el verbo ***"to lather"*** ¡que suena casi igual! ***"Slather"*** se usa para referirse a untar cremas abundantemente mientras que ***"to lather"*** significa enjabonar.

Translation List

PISTA AUDIO 67

¡Hidrátate bien! La deshidratación puede causar piel seca.	**Stay hydrated! Dehydration can cause dry skin.**
Ducharse con agua muy caliente puede ser malo para la piel.	**Having very hot showers can be bad for your skin.**
Úntate abundantemente una loción corporal hidratante después de ducharte.	**Slather on a rich body lotion after showering.**
Este desodorante no tiene aluminio.	**This deodorant is aluminium free.**
Es importante fomentar una buena higiene desde una edad temprana.	**It's important to encourage good hygiene from an early age.**
Prueba este nuevo gel que hace espuma y que te deja la piel sedosa.	**Try this new shower gel that foams up and leaves your skin silky smooth.**
Exfolia tu piel frotándola en círculos.	**Exfoliate your skin by rubbing in circular motions.**
Hidratar bien después de exfoliar mejorará la piel escamosa.	**Moisturizing well after exfoliating will improve flaky skin.**

no olvides que

Después de una preposición, tenemos que usar la forma ***"ing"*** del gerundio: ***"After showering"***, ***"before showering"***, etc.

¿sabías que?

A los americanos y a los ingleses les gusta pronunciar todo diferente e incluso escribirlo diferente también. En el inglés británico se dice **/alumíniummm/**, con el énfasis en la tercera sílaba, mientras que los americanos quitan la última **'i'** y ponen el acento en la segunda sílaba: **/alúminammm/**.

saber más

El mundo de la espuma en inglés es algo complejo. Usamos ***"foam"*** y ***"soap suds"*** para la espuma con burbujas que sale cuando mezclamos agua y jabón. La palabra ***"lather"*** que ya vimos que significa **'enjabonar'** se refiere a una espuma que no tiene tantas burbujas. Además de todas esas palabras, tenemos ***"froth"*** que es la espuma que encuentras en otros líquidos, como en el agua agitada. ¡Qué complicado!

¡ojo!

La palabra /fláky/ no existe, es **/fléikii/**. Aunque no es muy apetitoso, ¡recuerda esta palabra acordándote de los ***"corn flakes"***!

pronunciation

Fíjate en la pronunciación tan diferente de dos palabras que escritas parecen casi iguales: *"hygiene"* e **'higiene'**. En la palabra inglesa la **'y'** suena **'ai'**, y junto con la **'h'** aspirada, la pronunciación debería ser **/hhhái(chll)iinnn/**, ¡bastante distinta de la versión castellana!

Del mismo modo, tenemos ese sonido **'ai'** en la palabra *"dehydrated"* que también tiene una **'h'** seguido por una **'y'**. Aplica la regla y tenemos **/diihhhaidréitiddd/**, esta vez con el acento cayendo en la tercera sílaba. La **'d'** del final de la palabra tiene que sonar fuerte también.

expressions

A pesar de todos los consejos sobre qué productos hay que usar para tener el cuerpo perfecto y sano, la verdad es que todo está relacionado con lo que comes. No podemos olvidar el lema *"You are what you eat"*, literalmente **'Eres lo que comes'**.

¿Y has oído a alguien alguna vez usar la expresión *"to get something off your chest"*? Significa **'desahogarse'**, que también puede ser algo muy bueno para el cuerpo. Venga, *"get it off your chest"*, **'dime lo que te pasa'**. ¿Estás ya harta de expresiones? Vale, entonces dejemos las expresiones ¡y hagamos un pequeño *"test"*!

food test

Debajo hay una tabla con comidas teóricamente sanas para el cuerpo. Aprende las palabras y escríbelas en español. Una vez que estés seguro de su significado en castellano y las tengas asimiladas, ¿por qué no intentas incluirlas en tu dieta esta semana? ¡Recuerda que así estarás **'cuidando la mente y el cuerpo'**, *"looking after the mind and body!"*.

Inglés	Español	Lo que ayuda...
Pineapple		Vitamin C
Broccoli		UV protection
Almonds		Vitamin E
Whole wheat pasta/bread		Selenium
Carrots		Vitamin A
Pumpkin seeds		Zinc
Fish		Omega 3

(Las respuestas están en la página 222)

2. Face care

Cuidado facial

Existen muchos mitos y teorías sobre cuál es la mejor manera de cuidar la piel de la cara y cómo evitar las temidas arrugas y ojeras. No puedo prometerte una solución mágica, pero si te puedo prometer perfeccionar tu vocabulario y pronunciación en lo referente a asuntos faciales. Empezamos con la palabra ***"face"*** que usamos en inglés mucho más de lo que parece, y que se pronuncia **/féisss/** con una **'s'** fuerte al final. Aparte de significar **'cara'**, ***"face"*** también puede convertirse en un verbo. ***"To face"*** significa mirar a algo con en el sentido de **'enfrentarse'** a un reto o las consecuencias de algo. Por ejemplo, decimos ***"to face facts"*** para hablar de **'aceptar un hecho'** y ***"face the music"*** para **'hacerse cargo'** o **'afrontar las consecuencias'**.

Y ahora, sin más rodeos ***"it's time to face the music"***... ¡A por un poco de ***"face care"***!

> **"Turn your face to the sun and the shadows fall behind you."**
>
> Charlotte Whitton

PISTA AUDIO 68

Vocabulary

BASIC

Face cream	crema facial	/féisss_críimmm/
Mud mask	mascarilla de barro	/mmmáddd_máask/
Spot	grano	/ssspóttt/
Acne●	acné	/áknii/

INTERMEDIATE

Wrinkles●	arrugas	/rínkals/
Oily skin	piel grasa	/óilii_ssskínnn/
UV protection	protección solar (UV)	/iú_víi_protékshannn/
Cotton wool	algodón	/cótun_húul/

ADVANCED

Eye-bags	ojeras	/aí_bágs/
Anti-ageing	antienvejecimiento	/antíi_éiching/
A break out●	erupción	/a_bréik_áuttt/
To cleanse	limpiar	/tuu_kléns/

Aunque parecen ser iguales, la palabra **'acné'** en inglés suena muy diferente. El énfasis recae en la primera sílaba y la **'e'** al final es como una **'i'** larga. Practícalo varias veces: **/áknii/**.

¡Ojo! con la pronunciación de ***"wrinkles"***. La **'w'** al principio es muda, decimos **/rínkals/**. Y por favor no las llames ***"rides"***, ¡eso no es inglés, es francés!

En su forma de sustantivo ***"a break out"*** se refiere a una reacción en la piel, como **'una erupción de granos'**, ***"a break out of spots"***. También lo podemos usar como un ***"phrasal verb"***: ***"I broke out in a rash"*** significa **'me salió un sarpullido'**.

Translation List

PISTA AUDIO 69

Siempre intento seguir una rutina de cuidado nocturno para mi piel.	**I always try to follow a nightly skin care routine.**
Las cremas faciales son muy caras, ¿no crees?	**Face-creams are so expensive, don't you think?**
Las mascarillas de barro pueden dar a tu piel un brillo saludable.	**Mud masks can give your skin a healthy glow.**
Ponerse protección solar es una buena manera de prevenir las arrugas.	**Wearing UV protection is a good way of preventing wrinkles.**
Cuando era joven, tuvo un acné severo.	**When he was younger he had severe acne.**
Siempre le sale una erupción de granos una vez al mes.	**She always gets a break out of spots once a month.**
¿Sabías que poner bolsitas de té en los ojos puede reducir la hinchazón?	**Did you know that putting teabags on your eyes can reduce puffiness?**
Limpiar la cara con tónico facial y algodón puede ayudar a la piel grasa.	**Cleansing your skin with toner and cotton wool can help oily skin.**

saber más

Quizá no es el tema más agradable del mundo, pero aparte de ***"acne"*** y ***"spots"*** hay otros tipos de grano: ***"a pimple"*** es **'una espinilla'** y ***"a blackhead"***, **'un punto negro'**.

¿sabías que?

La palabra ***"spot"*** significa **'grano'** pero también tiene otros significados como **'mancha'** y **'lugar'**. ¿Y te acuerdas lo que significa cuando es un verbo? ¡Muy bien! **'Divisar'** o **'notar'**.

pronunciación

"Puffy" es un adjetivo muy bueno y aquí lo tenemos como sustantivo. Pero una cosa, ¡no digas /púffinesss/ sino **/páffinesss/**!

¡ojo!

Los verbos ***"cleanse"*** y ***"clean"*** son muy parecidos pero no son exactamente lo mismo. ***"Cleanse"*** significa limpiar pero con la idea de purificar.

pronunciation

Desafortunadamente los ***"break outs"*** y ***"spots"*** son una realidad y cuando nos tocan, no hay nada que podamos hacer salvo intentar cuidarlos y cubrirlos. Así que como son un hecho de la vida, vamos a practicar la pronunciación de estas dos palabras, sobre todo prestando atención a la **'t'** al final que tiene que ser muy fuerte para que suene como pronunciada por un nativo. Como hemos visto, para muchos hispanohablantes los problemas de pronunciación surgen al final de la palabra, así que es necesario tener mucho cuidado cuando veas **'ttt'** al final de una palabra en la fonética. Di **/bréik_aúttt/** y **/ssspóttt/** hasta que oigas bien fuerte esa **'t'** al final.

expressions

'Tienes mucha cara', ¿*"You've got a lot of face"*?, ¡noooooooo! En inglés decimos que tenemos mucho pómulo: ***"You've got a lot of cheek!"***.

Otra expresión que se traduce de manera totalmente diferente es **'tirar piedras contra tu propio tejado'**. En inglés no tiramos ninguna piedra, en lugar de eso cortamos la nariz. El refrán completo es ***"to cut off your nose to spite your face"***. Apréndete los dos y así quedará claro que **'¡no eres sólo una cara bonita!'**, ***"you're not just a pretty face!"***.

did you know?

"Let's face facts... None of us are getting any younger". Con los ***"dark circles"*** y ***"eye-bags"*** colaborando para ganar territorio debajo de los ojos, no es sorprendente que haya gente dispuesta a tomar cualquier medida drástica para vencer de una vez a las ojeras. Hemos visto que la gente se pone saquitos de té debajo de los ojos, pero¿sabías que también un secreto de modelos y actores desde hace mucho tiempo es ponerse **'crema para hemorroides'**, **/hhhémaroiddd_críimmm/**? Si eso te da un poco de grima, puedes intentarlo con algo un poco más ligero como ***"avocado"*** (**'aguacate'**) o incluso ***"cold spoons"*** (**'cucharas frías'**).

3. Make-up

Maquillaje

Dicen que las mujeres tardan mucho en prepararse y según un estudio realizado en el Reino Unido, ¡una mujer pasa de media un año y tres meses de su vida frente al espejo! Aunque pueda parecer una pérdida de tiempo, el **'maquillaje'**, ***"make-up"*** puede cambiar totalmente cómo te sientes; una cara recién despertada y pálida con un poco de ***"bronzer"*** o ***"blusher"*** puede parecer mucho más viva. Los ojos cansados con una aplicación de ***"mascara"*** o ***"eyeliner"*** ya no parecen tan pequeños, y **'un grano'**, ***"a spot"*** indeseado puede desaparecer con un buen ***"concealer"***. Así que vamos a intentar **'ver el vaso medio lleno'**, ***"to look at the glass half full"***, si esas tres horas semanales que invertimos en maquillarnos nos hacen sentir más confiadas y nos hacen disfrutar más del resto del tiempo, entonces **'¡viva el maquillaje!'**, ***"long live make-up!"***.

> **"The most beautiful make-up of a woman is passion. But cosmetics are easier to buy."**
>
> Yves Saint Laurent

PISTA AUDIO 70

Vocabulary

BASIC

Mascara	máscara de pestañas	/mmmaskáara/
Brush	cepillo	/brásh/
Blusher	colorete	/bláshe/
Bronzer	bronceador	/brónse/

INTERMEDIATE

Eyebrow pencil	delineador de cejas	/aíbrau_pénsssil/
Eyeliner	delineador	/aílaine/
Eye shadow	sombra de ojos	/aíshadou/
Lipstick	pintalabios	/lípssstik/

ADVANCED

Applicator	aplicador	/áplikeite/
Nail varnish	pinta uñas	/néil_vvváanish/
Concealer	corrector cosmético	/konsssíile/
Foundation	base	/faundéishannn/

Otro utensilio de maquillaje muy útil son los ***"highlighters"***, **'iluminadores'**. ¡No te confundas con los **'marcadores florescentes'**, que tienen el mismo nombre en inglés!

Si **'pintalabios'** es ***"a lipstick"***, ¿cómo es **'brillo de labios'**?. Decimos ***"lip-gloss"***. Otra cosa muy importante para los labios son los ***"lip balms"*** (**'vaselinas o protectores de labios'**).

Pintamos las uñas con ***"nail varnish"*** y para quitarlo, no nos complicamos la vida para llamar al **'quitaesmalte'** directamente ***"nail varnish remover"***. Es común oír ***"nail polish"*** y ***"nail polish remover"*** también.

Translation List

PISTA AUDIO 71

¿Por qué algunas máscaras son tan caras?	**Why are some mascaras so expensive?**
¿Sueles usar pintalabios o solo brillo?	**Do you ever wear lipstick or just lip-gloss?**
Pon la sombra del ojo primero, y luego aplica el delineador.	**Put on the eye shadow first, and then apply the eyeliner.**
¡No uses los dedos, usa un aplicador!	**Don't use your fingers, use an applicator!**
Este corrector cosmético no es el color correcto para mi piel.	**This concealer isn't the right colour for my skin.**
¿Este lápiz de cejas es el color correcto?	**Is this eyebrow pencil the right colour?**
Creo que merece la pena gastar más dinero en una marca de maquillaje buena.	**I think it's worth spending more money on a good make-up brand.**
Me pinto las uñas una vez a la semana con un pinta uñas de color rosa claro.	**I paint my nails once a week with light pink nail varnish.**

no olvides que

En inglés no usamos ***"correct"*** y ***"incorrect"*** tanto como ***"right"*** y ***"wrong"***.

recuerda que

La traducción de **'merecer la pena'** es ***"to be worth"***. Pero cuidado porque hay algunas reglas que recordar. Usamos el gerundio después de ***"worth"***, e incluimos ***"it"*** antes del verbo ***"to be"*** si no hablamos de personas. Por ejemplo: **'Merece la pena ir'** se traduce como ***"It's worth going"***. ¿Y **'Merece la pena'** sin más? Es ***"It's worth it"***. Por favor, ¡no digas *"It's worth"* sin la otra ***"it"***!

¡ojo!

¿Estabas tentado a decir *"make-up mark"*? Recuerda que la traducción de **'marca'** es ***"brand"***. ¿Y si algo es ***"brand new"***? Entonces cambia de significado y quiere decir **'totalmente nuevo'** o **'sin estrenar'**.

¡cuidado!

No has caído en la trampa de decir *"one time a month"* ¿verdad? Recuerda que decimos ***"once"*** y ***"twice"*** y a partir de **'tres veces'**, ***"three times"***, ***"four times"***, etc.

pronunciation

Practica el final de estas palabras *"blusher"*, *"bronzer"*, *"eyeliner"*, *"concealer"*. Es difícil conseguir el sonido correcto, no es un **'er'** castellano sino más un sonido entre una **'a'** y una **'e'** alargada (/e/). Ahora repite las palabras escuchándote a ver si aciertas con ese sonido final: **/bláshe/**, **/brónse/**, **/aílaine/**, **/konsssíile/**.

expressions

No podemos dudar que la mayoría de mujeres pasan un buen rato cada semana frente al espejo *"getting all dolled up"*, literalmente poniéndose como una muñeca. Sin embargo, si esa expresión te parece demasiado ñoña, existe otra que significa lo mismo pero con un poco más de carácter: *"to put on the war paint!"*, (**'¡ponerse la pintura de guerra!'**).

other meanings

"Make up" no sólo significa **'maquillaje'**, la usamos como un *"phrasal verb"* ¡y además con varios significados!

1. **'Inventar'**: *"She made up a story"* - **'Inventó una historia'**
2. **'Reconciliar'**: *"They made up after the fight"* - **'Se reconciliaron después de la pelea'**
3. **'Recuperar'**: *"We need to make up the class"* - **'Tenemos que recuperar la clase'**
4. **'Preparar'**: *"We need to make up a bed for our guests"* - **'Tenemos que preparar la cama para los invitados'**

Y por último también significa **'¡Decídete!'**, *"Make up your mind!"*.

4. Hair care

Cuidado del pelo

Existe un fenómeno tan extendido que ya tiene dos nombres especiales: los *"good hair days"* y los *"bad hair days"*. Ocurre esos días en los que es imposible conseguir que tu pelo quede bien, y en cambio otro día cuando vas a entrar a la ducha a lavarte el pelo, te da pena porque te has dado cuenta en ese momento ¡de que está perfecto! Lo que también es un hecho es que a todo el mundo le gusta quejarse de su pelo. El que tiene el pelo liso, lo quiere rizado, las que tienen **'volumen'**, *"volume"* dicen que su pelo es incontrolable y las que tienen el **'pelo fino'**, *"fine hair"* luchan por dar más volumen a su cabello. Según el refrán **'las rubias se lo pasan mejor'**, *"blondes have more fun"*, pero muchas de mis amigas rubias se quejan de que su color es más *"mousey brown"*, **'marrón de ratoncito'** y que están hartas de teñírselo, mientras muchas amigas **'castañas'**, *"brunettes"* se ponen **'mechas claritas'**, *"highlights"*. Parece que es cierto que *"The grass is always greener on the other side of the fence"* (**'La hierba siempre es más verde al otro lado de la valla'**) ¡Va a ser que quizás lo de ser **'calvo'**, *"bald"*, /bóolddd/ tiene sus ventajas!

> "Life is an endless struggle full of frustrations and challenges, but eventually you find a hair stylist you like."
>
> Author Unknown

PISTA AUDIO 72

Vocabulary

BASIC

To get a haircut●	cortarse el pelo	/tuu_gét_a_hhhéeecattt/
Hairdresser	peluquero	/hhhéeedrese/
Hairdo	peinado	/hhhéeeduu/
Layers	capas	/léhies/

INTERMEDIATE

To trim	recortar	/tuu_tríimmm/
Plait	trenza	/pláttt/
Ponytail●	coleta	/poúniiteil/
A perm	una permanente	/a_péem/

ADVANCED

Scalp	cuero cabelludo	/ssskálp/
Dandruff	caspa	/dándrufff/
To blow-dry	secarse el pelo con secador	/tuu_bloú_drái/
Frizzy●	encrespado	/frísii/

¡Ojo! con traducir literalmente y decir *"they cut me my hair"* en inglés. Sí quieres decir que te cortaron el pelo, emplea la estructura ***"to get a haircut"***. Y si te peinaron, sería ***"to get your hair done"***.

¡Qué palabra más graciosa! **'Una coleta'** se traduce literalmente como **'el rabo de un poni'**. Bueno, ¡al menos no lo olvidarás!

Sabemos las palabras ***"frizzy"*** y ***"permed"***, pero ¿cómo decimos **'pelo liso'** en inglés? En general, no decimos *"smooth hair"* sino ***"straight hair"***.

Translation List

PISTA AUDIO 73

En la peluquería primero te lavan el pelo en el lavabo.	**At the hairdressers they wash your hair in the basin first.**
¿Cuánto tardas en secarte el pelo con el secador?	**How long does it take you to blow-dry your hair?**
A veces llevo una coleta pero nunca me hago trenzas.	**I sometimes wear my hair in a ponytail but never in plaits.**
Este champú es muy bueno si la cabeza te pica o tienes caspa.	**This shampoo is great if you have an itchy scalp or dandruff.**
¿Qué te gustaría hacer? ¿Quieres que corte mucho o solo las puntas?	**What would you like done? Do you want a lot off or just a trim?**
Estoy pensando en cortarme el pelo en capas y dejarme flequillo.	**I'm thinking of getting layers and a fringe put in.**
¿Qué acondicionador recomendarías para cabello encrespado o con permanente?	**What conditioner would you recommend for frizzy or permed hair?**
Se te ven las raíces del pelo. Tienes que teñirte de nuevo.	**Your roots are showing through. You need to dye it again.**

¡ojo!

El verbo ***"to dye"*** (**'teñir'**) suena igual que ***"to die"*** (**'morir'**) pero, por el contexto, la gente siempre te va a entender. Para que no haya ningún malentendido, puedes especificar que quieres ***"highlights"*** que son **'mechas'** o ***"lowlights"*** que son **'mechas oscuras'**.

cuidado

Aunque en español es posible decir que **'la cabeza'** te pica, en inglés tendemos a recurrir a la terminología técnica y usamos la palabra ***"scalp"*** que significa **'cuero cabelludo'**. Tambien intenta acordarte de la diferencia entre ***"itch"*** y ***"scratch"***. En general traducimos **'picar'** como ***"to itch"*** y **'rascar'** como ***"to scratch"***.

saber más

'Un flequillo' en inglés es ***"a fringe"***. Fíjate en la estructura que usamos cuando decidimos cortarnos el pelo en capas o tener un flequillo nuevo; decimos ***"to get layers put in"*** o ***"to get a fringe put in"***.

recuerda

La estructura gramatical que empleamos para traducir **'tardar'** suele causar problemas. Recuerda que no decimos *"I/you/he/she takes..."* sino ***"It takes + complemento indirecto + X tiempo + verbo infinitivo."*** Traduce la frase: **'Tardo tres minutos en lavarme el pelo'**......................
....
"It takes me three minutes to wash my hair". ¡Perfecto!

pronunciation

Como estamos en la sección de *"hair care"* es fundamental que acertemos con la pronunciación de la palabra *"hair"*, y eso significa que es hora de practicar la **'h'** aspirada. Búscate un espejo o algo de cristal y di */hhhhhhheeeee/* hasta que se empañe. Entonces, y sólo entonces, estarás produciendo nuestro sonido de la **'h'** fuerte. El sonido no se produce en la garganta; di **/hhhéeedrese/**, **/hhhéeecattt/**, **/hhhéeeduu/**, ¡sin rastro de la **'j'** castellana!

expressions

¿Te acuerdas de cómo decimos **'encrespado'**?, *"frizzy"*, eso es. ¿Y **'una permanente'**?, *"a perm"*, muy bien. Ahora vamos a ver cómo traducimos el dicho **'rizar el rizo'** en inglés, aunque si te dijera que **'rizar'** es *"to curl"* y **'un rizo'** es *"a curl"* eso no ayudaría en absoluto porque se traduce de manera totalmente distinta. Decimos *"to split hairs"*, literalmente **'partir pelos'**.

Y para **'matar dos pájaros de un tiro'**, *"to kill two birds with one stone"*, podemos aprovechar nuestro nuevo verbo *"to split"* y asimilar cómo traducimos **'puntas abiertas'**: son *"split ends"*. Y no quiero *"split hairs"* (**'rizar el rizo'**) excesivamente, pero espero que estés pronunciando con cuidado la palabra *"split"*, ¡no es /esplit/!, es **/sssplíttt/**, **/sssplíttt/**, **/sssplíttt/**.

false friends

A veces no hay nada mejor que **'tomarle el pelo a alguien'**, pero si traduces literalmente y le dices a alguien que te está *"taking the hair"*, te prometo que te van a mirar con cara muy extraña. En inglés preferimos **'tirar de la pierna'** en vez del pelo, decimos *"to pull someone's leg"*.

Para evitar que nadie te tome ni el pelo ni la pierna, recuerda que aunque en castellano a veces hablas de **'pelos'** como un sustantivo contable, en inglés casi nunca nos referimos a los pelos como *"hairs"* a pesar de que es físicamente posible contarlos. ¡*"I cut my hairs"* le sonaría rarísimo a un inglés!

5. Hair removal

Depilación

"Yes, the time has come to talk of many things..." ¿Pero un capítulo entero sobre **'depilación'**, ***"hair removal"***? No es justo que además de tener que gastar tiempo en quitarnos el pelo, ¡tengamos también que aprender nuevo vocabulario sobre el tema! Sin mencionar que es un vocabulario un poco primitivo. ¡La vida no es justa!, pero no te preocupes, porque te prometo que lo que aprendas aquí te servirá en otros contextos de una manera u otra. Por ejemplo ¿sabías que el verbo ***"to shave"*** aparte de significar **'afeitar'** también se puede convertir en un ***"phrasal verb"*** que entonces significa **'rebajar'**? Y si prestas atención a la cita de la derecha, verás que la palabra ***"wax"*** tiene otros usos: aparte de **'cera'**, también significa **'lacre'** (para cerrar cartas). Bueno no quiero **'hablar durante mucho tiempo'**, ***"to wax on"*** de lo interesante que puede ser el tema ***"hair removal"***, ya lo verás... ¡ahora, al ataque!

"The time has come," the walrus said, "to talk of many things: of shoes and ships and sealing wax, of cabbages and kings."

Lewis Carroll - *"Alice in Wonderland"*

PISTA AUDIO 74

Vocabulary

BASIC

Wax●	cera	/huáks/
Laser hair removal	depilación con láser	/léise_héee_remoúvvval/
Epilate	depilar	/épileittt/
Electrolysis	electrólisis	/eliktrólasssisss/

INTERMEDIATE

To shave	afeitar	/tuu_shéivvv/
Shaving gel	gel de afeitar	/shéivvving_(chll)él/
Razor●	cuchilla/máquina de afeitar	/réise/
Rash	sarpullido	/rásh/

ADVANCED

In-growing hair	pelos encarnados	/íngrouing_héee/
Tweezers	pinzas	/tuíises/
To pluck●	arrancar/depilar	/tuu_pláck/
Stubble	pelusilla	/ssstábal/

Como vimos en la introducción, ***"wax"*** tiene varios significados. Como sustantivo es **'cera'** o **'lacre'**. Como verbo significa **'depilar con cera'**, y el ***"phrasal verb" "wax on"*** quiere decir **'hablar mucho'**.

Ojo con la palabra ***"razor"*** porque es una que mucha gente olvida fácilmente. Existe la palabra ***"shaver"*** pero es menos usada. ¿Puedes adivinar qué significa ***"clean-shaven"***? ¡Sí, eso es! **'Bien rasurado.'**

Usamos el verbo ***"to pluck"*** junto con las **'pinzas'**, ***"tweezers"*** para hablar de **'depilar las cejas'**. Pero si usas la técnica india de depilarlas con hilo, entonces decimos ***"threading"***.

Translation List

PISTA AUDIO 75

¿Te depilas las ingles con cera o usas electrólisis?	**Do you get your bikini-line waxed or do you use electrolysis?**
Me hice la depilación con láser y funcionó muy bien.	**I had laser hair removal and it worked really well.**
¡Depilarse las axilas duele mucho!	**Epilating your armpits is really painful!**
Usa crema de afeitar para evitar un sarpullido.	**Use shaving gel to avoid getting a rash.**
Dicen que nunca deberías depilarte por encima de las cejas.	**They say you should never pluck above your eyebrows.**
¿Cómo extirpas un pelo encarnado? ¿Con pinzas?	**How do you extract an ingrowing hair? With tweezers?**
Un día o dos después de afeitarte te sale pelusilla.	**A day or two after shaving you get stubble.**
Mi cuchilla de afeitar está gastada.	**My razor blade is blunt.**

saber más

"The bikini line" es el nombre informal para **'ingles'**. La palabra técnica es ***"groin"***, **/gróinnn/** pero en el contexto de depilación no la usamos.

recuerda

El verbo ***"to avoid"*** va seguido de otro verbo siempre en gerundio. Repítelo con los otros verbos de esta sección: ***"avoid getting"***, ***"avoid shaving"***, ***"avoid plucking"***, ***"avoid epilating"***.

¡ojo!

En español esta construcción no se usa para hablar de las piernas / axilas, etc. de las mujeres ¿verdad? Sin embargo, ¡en inglés ***"stubble"*** es una palabra que se puede referir a cualquier parte del cuerpo que tiene pelo!

¡apréndetelo!

Normalmente ***"blunt"*** se traduce como **'desafilada'**. Pero ¿cuál es lo contrario de ***"blunt"***?, sí lo sabes... ¡Es ***"sharp"*** (**'afilada'**)!

pronunciation

Ahora nos toca practicar uno de los sonidos más difíciles de nuestro idioma... la famosa **'w'**. Un buen truco es vocalizar la primera sílaba de **'huevos'** o **'huésped'**. Lo que pasa es que cuando este sonido **'hu'** está seguido por una vocal que no sea una **'e'** empezamos a tener problemas. Intenta leer esta palabra, **'huavos'**, bien y ahora di ***"wax"***, ¡bien! Sigue practicando y una vez que lo hayas pillado, intenta formar distintos sonidos con distintas vocales: **/hue/**, **/hua/**, **/huou/**, **/huii/**...

Ahora tengo un pequeño trabalenguas para ti: graba tu voz mientras dices ***"Would you wax or will you use tweezers?"***. ¿Cómo te sale?

expressions

Te había prometido que lo que aprendieses aquí te serviría a largo plazo en tu inglés. Bueno, ya tienes dominado el sonido **'w'**, y has asimilado varios usos de ***"wax"***, y aquí hay otra expresión que aprender: ***"wax and wane"***. Esta expresión toma su significado de lo que hace la luna cada mes, **'crecer'** y **'decrecer'**. La usamos para hablar de cosas que oscilan; ***"to wax and wane"***. Fíjate en este ejemplo: ***"Their influence waxes and wanes"*** (**'su influencia crece y decrece'**).

Y ¿cómo traduciríamos **'por un pelo'** o **'por los pelos'** si algo ocurrió o no ocurrió por muy poco? *"By the hairs"*, ¡no! Decimos ***"it was a close shave"***, y tenemos que incluir el verbo ***"to be"***. ¡Significa literalmente **'era un afeitado al ras'**!

Un ejemplo: ***"It was a very close shave, we nearly missed the plane"*** (**'Por los pelos no perdimos el avión'**).

false friends

'Afeitarse', **'depilarse'**... Piénsalo bien y dime cuál es el riesgo más grande para los hispanohablantes al traducir estos verbos. Si has observado que son verbos reflexivos vas por buen camino. En inglés no decimos *"I shave myself"* sino ***"I shave"*** y seguido de la parte del cuerpo a la que te refieres. Si quieres decir que te has afeitado **'la pierna'**, en inglés sería: ***"I shaved MY legs"***. Si te depilas las axilas: ***"You epilate YOUR armpits"*** Recuerda que, a diferencia del castellano, es necesario saber ***a quién*** pertenece la parte del cuerpo, y por eso decimos ***"my legs"***, ***"your eyebrows"***, etc.

Por cierto, aunque en español se usa mucho el verbo **'depilar'** sin especificar que técnica usas para sacar el pelo, en inglés el verbo que utilizas revela mucho sobre el tipo de depilación. El verbo ***"to pluck"*** es normalmente reservado para ***"tweezers"*** y ***"to epilate"*** se refiere a la técnica para sacar el pelo con una máquina, ***"an epilator"***.

6. Spa treatments

Tratamientos de spa

Puede que en tu día a día a veces te falte un poco de glamour, ¿verdad? ¡¿Dónde está la gente abanicándote u ofreciéndote racimos de uvas mientras tú estás tumbada?! Aunque hoy en día resulta logísticamente un poco difícil vivir como Cleopatra, sí es posible ***"to pamper yourself"*** a una escala un poco más pequeña (y no estoy hablando de pañales, ¡***"to pamper"*** significa **'dejarse mimar'**!) En los últimos años han florecido un montón de spas o centros de belleza donde puedes dejar a un lado todo el estrés y las preocupaciones del día a día y centrarte solo en el gran dilema de si prefieres el ***"cucumber eye treatement"*** o ***"the tomato and honey body wrap"***. Decisiones, decisiones...

En esta sección vamos a investigar todo lo que te pueden ofrecer en un spa, y como en casi todos los centros del mundo hablan inglés, después de este capítulo **'el mundo (al menos de los spas) estará a tus pies'**, ***"the (spa) world is your oyster!"***.

"Living in the lap of luxury isn't bad except that you never know when luxury is going to stand up."

Orson Welles

PISTA AUDIO 76

Vocabulary

BASIC

Manicure	manicura	/mánikiur/
Pedicure	pedicura	/pédikiur/
Detox	desintoxicación	/díitoksss/
Therapeutic	terapéutica	/zerapiútik/

INTERMEDIATE

Herbal sauna	sauna de hierbas	/hhhérbal_sóona/
Facial massage	masaje facial	/féishal_másaach/
Seaweed wrap	envoltura corporal	/bódii_rap/
Body scrub	exfoliante corporal	/bódii_ssscráb/

ADVANCED

To pamper	mimar	/tuu_pámpe/
To spoil	malcriar	/tuu_ssspóil/
To treat	hacer un regalo	/tuu_tríit/
To indulge in	darse el gusto	/tuu_indálch_ín/

Las palabras parecidas en los dos idiomas son fáciles de recordar pero muchas veces causan problemas con la pronunciación. Cuidado al vocalizar ***"detox"*** ya que mucha gente dice /dé-tox/ en vez del correcto **/díitokss/**. Igualmente esfuérzate en no decir /mani-cúr/ y /pedi-cúr/ sino **/mánikiur/** y **/pédikiur/**.

Dado que en inglés es posible decir ***"facial"* /féishal/** sin mencionar ***"massage"***, aprende ambas formas. ¿Y un masaje de cuerpo entero que sería? ***"A full-body massage"***.

Para usar esta estructura bien, es necesario acordarse de la preposición ***"in"*** que sigue al verbo ***"to indulge"***: ***"I indulged in a glass of wine"***.

Translation List

PISTA AUDIO 77

Voy a regalarme un día en un spa.	**I'm going to treat myself to a spa day.**
La sauna de hierbas abre los poros.	**The herbal sauna opens up your pores.**
Los exfoliantes corporales ayudan a la circulación.	**Body scrubs boost● circulation.**
Las envolturas corporales ayudan a liberar las toxinas del cuerpo.	**Seaweed body wraps help the release of body toxins.**
Los masajes faciales ayudan a deshacerse de la tensión muscular.	**Facial massages help get rid of● muscle tension.**
Los masajes terapéuticos pueden aliviar la rigidez.	**Therapeutic massages can help relieve stiffness.**
¿Le gustaría tanto una manicura como una pedicura?	**Would you like both● a manicure and a pedicure?**
En el spa de lujo "Serenade" usted será mimado.	**At the luxury "Serenade Spa" you will be pampered and spoilt.●**

saber más

"Boost" es un verbo subestimado. Significa **'empujar'**, **'alzar'**, **'lanzar'** y **'estimular'**, ¡así que ***"boost"*** tu vocabulario y empieza a usarlo más!

phrasal verb!

Otro para la colección, ***"to get rid of"***, **'deshacerse de'**... ¡repítelo hasta que tu mente no pueda deshacerse de él!

recuerda

En inglés no traducimos literalmente la frase **'tanto X como Y'**. Tenemos nuestra propia estructura, colocando ***"both"*** delante de las dos opciones: ***"both X and Y"***.

¡oh oh!

No hay una traducción muy precisa en castellano para decir ***"to be spoilt"*** en este contexto. Hablando de niños, ***"to be spoilt"*** es casi siempre negativo y se traduce como **'ser malcriado'**, pero para adultos en el contexto de disfrutar de cosas especiales, es un sinónimo de ***"to be pampered"*** (**'ser mimado'**).

expressions

Quizás ya conoces la frase *"to get your beauty sleep"* (**'sueño reparador'**)... ¡es la excusa perfecta para dormir más! Pero si dormir más no es suficiente y necesitas un poco más de glamour en la vida para sentirte mejor, aprende la expresión *"to spoil yourself rotten!"*. A veces merecemos disfrutar de algo especial, así que cuando las oportunidades surjan, haz exactamente eso: **'¡déjate mimar totalmente!'**.

También tenemos la expresión *"in the lap of luxury"* para expresar la idea de que alguien está rodeada de cosas de lujo. Por cierto, *"lap"* en este contexto significa **'regazo'** y con eso quizás entiendas mejor la cita al principio del capítulo. Asimila la expresión y di en voz alta lo que estás pensando: *"I want to live in the lap of luxury!"* (¡aunque sólo sea durante un fin de semana en un spa!).

pronunciation

Ahora vamos a *"indulge in"* un poco de pronunciación... ¿Cómo pronunciamos bien *"to indulge"*? ¡Espero que no se oiga ninguna **'j'** fuerte a la castellana! Recuerda que en muchas palabras que tienen la letra **'g'** al final, la **'g'** se convierte en el sonido **'ch'**: **/indálch_ín/**, repítelo en voz alta. Lo mismo ocurre con *"massage"*: **/másaach/**.

false friends

Hemos estudiado los verbos *"indulge"* y *"spoil"*. ¿Cuál es la preposición que sigue a *"indulge"*? ¡Bien! *"In"*, ¿y qué significa *"spoil"* hablando de niños? ¡Te acuerdas! **'Malcriar'**. Ahora vamos a echar un vistazo a otra palabra que es difícil de traducir al español pero que usamos muy a menudo en inglés: *"to treat"*. La traducción más cercana es **'hacer un regalo a'**, o **'invitar'** dependiendo del contexto. *"I want to treat you"* significa **'te quiero invitar'** y *"I have a treat for you"* significa **'tengo un regalo para ti'**. Intenta incorporar esta idea a tu inglés hablado y la próxima vez que quieras invitar a alguien no uses el horroroso spanglish *"I invite you"*. Los ingleses sólo usamos *"to invite"* para invitar a alguien a un evento. Repite: *"It's my treat"*, *"It's my treat"*, *"It's my treat!"*.

7. Conversation

PISTA AUDIO 78

The Princess with Rosanna Ryan

X: Rosanna hello!

R: Hi! How are you?

X: Or should I call you Princess Rosanna?

R: Oh, I like the sound of that!

X: Yeah, it's got a good ring to it, doesn't it? Princess Rosanna.

R: Yes, beautiful.

X: So Princess Rosanna, as Buddha says, "To keep the body in good health is a duty; otherwise we shall not be able to keep our mind strong and clear." Do you agree?

R: Yes, I absolutely agree.

X: Really?

R: Yes. And I think that when someone listens to this phrase, they're probably thinking of diet and exercise, but I think that physical appearance, the way you look, is also super important. Simple things, like your hygiene, like cleaning yourself, putting deodorant on, especially in the summer... brushing your teeth...

X: Yup, that's something fundamental.

R: But at the end of the day, if you look nice you feel better! So, I think, yeah, of course it's connected.

X: So Buddha had a point.

R: Yes, definitely.

X: We should take care of ourselves so we feel, you know, better, and therefore have a clearer mind. I like that... And talking about "clear", what about face care routines, do you do anything special?

R: Yes, absolutely. If you ask any beauty or make- up professional, the first thing they'll tell you is that you must cleanse your face. That's the most important thing. So I cleanse my face in the mornings when I wake up and before I go to bed.

X: And what's the difference between say cleanse, the verb "cleanse" and "clean" for you?

R: Well, I think "cleanse" is deeper. It sounds like it's almost pure, like purifying.

X: So you purify your face in the morning and in the evening before going to bed, ok! Do you put creams on?

R: Yes, I put creams on; I have a daytime moisturiser and a night-time moisturiser.

X: I must say that Rosanna your skin is perfect so I should definitely take tips from you. I'm going to go and invest in a good moisturiser. Do you use anti-wrinkle cream? Or...

R: Not yet.

X: Not yet! Ok, ok, so there's still time.

R: I make sure there's SPF, UV protection in the daytime one because that obviously avoids wrinkles.

X: Yes, long-term you cut down on how many wrinkles you'll get using SPF. Good, ok, noted in the beauty tips. And what about make-up tips. Now... Rosanna... She's not just good at putting on make-up, she did a course. She knows her stuff!

R: Yes, I love make-up. I have to say, one of the most important things, and people don't realise this, is your eyebrows. People should pay special attention to their eyebrows. I, for example... Ximena, you've never seen me without make-up on my eyebrows because I hardly have eyebrows.

X: Interesting. I didn't know that! No, they look thick and **bushy** and perfect!

R: Oh I wish.

X: They're very **well-groomed**. No, they're beautiful.

R: Thank you. I use a brush and eye shadow, and I just... yeah I put eye shadow on my eyebrows.

X: That's a really good tip! I am feeling quite **self-conscious** about my eyebrows right now!

R: Oh no, yours look great, don't worry.

"Bushy" 'poblado'

"Well-groomed" 'bien arreglada'

"Self-conscious" 'cohibido'

X: So eyebrows are very important. What about say blusher? Or...

R: Yes, yes, I think so. Especially like, if you have paler skin, or you know even in the winter, putting a bit of bronzer on your cheeks gives a nice little **glow** to your face.

"Glow" 'brillo'

X: Ok, good. And yeah, it kind of highlights the **cheekbones** which is a nice area to draw attention to.

"Cheekbones" 'pómulos'

R: Yeah, and lipstick.

X: Lipst..., ahh see, I'm very bad at lipstick. I never know what colour to use!

R: It depends I mean, there are so many. You just have to find the one that you feel comfortable in, or the ones. Or if you're going out at night, maybe you like to put on a nice red. Red always looks beautiful.

X: Ah, no I don't! I put on only lip balms and then I see other people with amazing lips and lipstick and I think, "Why don't I do that?" But, I don't know, I think there's a barrier you have to cross, like with the lips. Either you're...

R: You have to get used to it.

X: Yeah, and it just changes your face so much, and I'm just not used to it. I need to get used to it. Ok, ok, it's a mental thing; I'm going to do it. So, eyeliner: hmm I can see your wearing beautiful eyeliner.

R: Oh, thank you, yes. I use liquid eyeliner.

X: On the top of your **eyelids**?

"Eyelids" 'párpados'

R: Yes, just on the top, but that depends on the shape of your eyes. I think that when I put it on the bottom of my eyes, it makes my eyes look too heavy, almost like I'm going out, you know, and I don't want that for a daytime look.

X: Yeah... So you keep it simple, with a **sweeping black line** on top, and underneath no eyeliner. I'm the opposite; I always put underneath, but if I'm going out, then I'll put the eyeliner on top. It's funny!

"Sweeping black line" 'contorno curvado negro'

R: Ah see, but you look great.

X: There - say it again!

R: You look great!

X: Such a **suck up**, I love it! Ok, so now, hmm – something I really don't understand very well is hair; **glossy** hair, well-groomed hair, how do you do it?

"To suck up" 'hacer la pelota'

"Glossy" 'brillante'

R: Well, first I have to thank my father.

X: That's true! Most of it is pretty much genetics.

R: Yes, he has great hair and I got his hair. But I think one of the most important things for me is using conditioner, because my hair gets really dry, especially because it's long... and to get haircuts... To get haircuts if you have long hair, every other month, like every two months, is a good idea.

X: So haircuts, how much do you get off when you go?

R: It's just a trim normally for me, because I like having long hair. They say, don't put your hair in ponytails too much because it pulls out a lot of your hair and it damages it.

X: Ah ok, and you get split ends.

R: Yeah, exactly and I try not to blow-dry my hair too often.

X: Really?

R: Yeah. Not only does it make it super frizzy, but it's not good for your hair because of the heat.

X: Yeah, that's true. No, I don't actually blow-dry my hair if I can get away with it. If it's not desperate and it's freezing cold outside, I leave it to dry naturally. Good, I'm glad I'm doing something right.

R: Yes.

X: But what about hair-straightening? Do you do that?

R: I do that very rarely. Again, it's another thing that makes your hair look awesome, but it damages your hair with the heat, so I try to avoid it.

X: Yeah, ok, good, so avoid **hair straighteners** if possible and blow-drying. Fine, good! And now, not

"Hair straightener" 'alisador del pelo'

the most elegant of subjects, but hair removal, any tips with that? I mean, it's a... it's a very personal thing, some people shave, some people wax, some people get their hair depilated... laser surgery, whatever... There are a lot of options, what do you think about this subject?

R: Ah, this is a really sensitive subject, because every...

X: Yeah, especially physically sensitive!

R: Physically painful and sensitive. It's different for every woman, for example I don't have a lot of hair on my legs.

X: So lucky.

R: So I've always shaved my legs, but I know some women, you know, need to wax them, or they even have laser hair removal.

X: Because the stubble, exactly, comes back so fast that it's not worth really shaving, yeah.

R: Exactly. So basically my routine is I just use shaving gel on my legs, on my underarms, although I have to say that, I could imagine that laser hair removal on the underarms would be amazing.

X: It would be amazing, I know, it's so tempting, isn't it? Just imagine... Every day you wake up, well, you don't have to do anything in the shower. It's perfect. It's always an option.

R: And also your eyebrows... Someone told me the other day that they get laser hair removal for their eyebrows, and I thought that's actually a great idea, because you don't have to use tweezers every day.

X: That's actually very... that would save a lot of time!

R: Yeah, plucking is painful.

X: Plucking is painful and time-consuming. Yeah, let's go on strike and just get massively bushy eyebrows... or the other option, laser hair removal. Good, ok. Now for a slightly nicer subject, that being spas...

R: Ah, I love that word.

X: Yes, I know! Don't we all? What a... They're brilliant aren't they?

R: Yes, I wish I could go to the spa every week.

X: And when did you last go to a spa? When did you last pamper yourself?

R: I pampered myself at the Easter holiday actually.

X: Ah, amazing!

R: Yes, I went to an amazing spa in Bilbao. It was so nice...

X: Ah, tell me about it.

R: I got a massage, but they... I've also in the past gotten a facial massage, or just a facial. It's like when they deep clean your face and it makes you just feel radiant. Like, maybe nobody else notices, but you're like, I've never had skin like this since I was a baby!

X: I am glowing! Come and touch me!

R: Exactly.

X: Ah, so nice. And a lot of massages, and did you go to the pool?

R: Yeah, to the pool and also like the sauna. I love going to the sauna, it's really good for your skin and to detox, and get all the dirty stuff out of your pores...

X: Yeah, that is nice.

R: Getting a nice manicure or a pedicure.

X: Did you get that done?

R: Yes, yes, it's so nice...

X: Lovely. You have to treat yourself. That's... it's... in the end yeah, we can't... we can't be just being princesses ourselves. Sometimes someone's got to do it for you.

R: Yes!

X: Amazing. Well, thank you so much, and I think, well, the only logical thing to do now is that we go to a spa; what do you think?

R: I think that sounds like a great idea.

X: Right, come on.

R: Ok, let's go. Thank you.

Test

1

¿Cómo se dice?

2

...Amigo falso...

~~"I invite you!"~~

3

¿Entendiste el audio?

What did Rosanna say about hair-straightening?

4

Elige la pronunciación correcta

"Hygiene":

/hhhí(chll)iiennn/ ☐
/hhhái(chll)iinnn/ ☐

5

Adjective agility

'Malcriado/Mimado'

6

Traduce la expresión:

'Rizar el rizo'

7

Phrasal verb!

'Inventar'

8

Preposition time!

"On Friday I'm going to indulge ____ a trip to a spa."

Answers

1. Lipstick; razor; tweezers
2. It's my treat!
3. Hair-straightening damages your hair with the heat, so she tries to avoid it.
4. /hhhái(chll)iinnn/
5. Spoilt
6. To split hairs
7. To make up
8. On Friday I'm going to indulge in a trip to a spa.

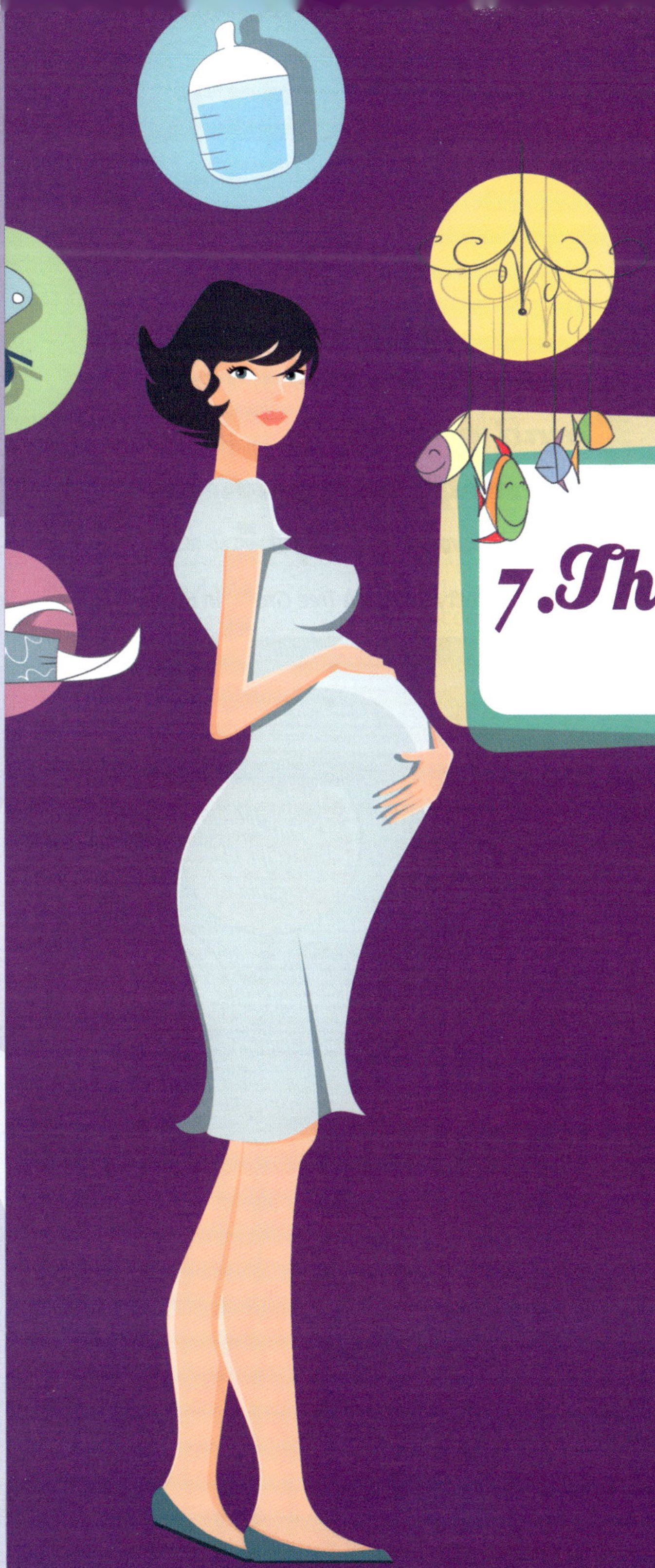

7. The Supermummy

Translation List

PISTA AUDIO 80

¡Enhorabuena! ¿Ha sido niño o niña?	Congratulations! Is it a boy or a girl?
¿En qué hospital diste a luz?	Which hospital did you give birth in?
¿Cuándo sales de cuentas?	When is your due date?
¿Puedes sentir las patadas?	Can you feel it kicking?
¿Has tenido algún antojo?	Have you had any cravings?
¡Qué tripa más bonita! ¡No se te nota para nada que estás embarazada!	What a cute baby bump! You're hardly showing at all!
¿Fue un parto natural o te hicieron cesárea?	Was it a natural birth or did you have a caesarean?
¿Cuándo empezaste a tener contracciones?	When did you start having contractions?

error común

No preguntamos en inglés si **'¿Fue niño o niña?'** en el pasado. Siempre hacemos esta pregunta en el presente simple: ***"Is it a boy or a girl?"***.

saber más

En Inglaterra, a diferencia de España, no es tan común enterarse del sexo del bebé antes del nacimiento. ¡Nos gustan las sorpresas!

¡ni se te ocurra!

La palabra ***"bump"*** significa **'tripa de embarazada'**, y a la hora de pronunciarla es importantísimo vocalizar bien esa última **'p'**. Si sueltas algo como que alguien tiene *"a cute baby bum"* no te van a mirar con tan buena cara... ¡***"Bum"*** sin **'p'** significa **'culo'**!

no olvides

'No se nota' en general se traduce como ***"it isn't showing"*** o en el caso de hablar de un ***"baby bump"***, lo cambiamos a ***"you aren't showing"***.

pronunciation

Si estás hablando con un angloparlante y empiezas a hablar de /lábour/ o /crávings/ sin pronunciar bien el sonido **'a'** como **'ei'**, ¡no vas a llegar muy lejos! Hay que acordarse de que a veces la **'a'** en inglés cambia al sonido que sería el equivalente a **'ei'** en castellano. Con esto en mente ¿cómo decimos **'ponerse de parto'**, y **'antojos'**?

/tuu_góu_íntuu_léibe/

/kréivvvingsss/

¡Eso es!

expressions

El tema del embarazo puede ser delicado, por eso, antes de que te lances y le preguntes a una pareja si están *"looking for a baby"*, (¡que en inglés suena como que estás literalmente buscando un bebé ya nacido!), aprende la frase siguiente, y úsala sólo en situaciones adecuadas:

"To try and conceive"

/tuu_traí_and_consíivvv/

Una expresión mucho más coloquial que expresa que alguien ya está embarazada es decir que alguien literalmente **'tiene un bollo en el horno'**: ***"to have a bun in the oven"***. Esta frase es muy divertida, pero claro, ¡úsala solamente con gente con quien tengas confianza!

did you know?

En España el número de partos naturales (sin la administración de oxitocina ni anestesia epidural) es aproximadamente el 10%, mientras que en el resto de Europa la cifra se sitúa entre el 20 y el 30 %.

false friends

A diferencia del castellano, no decimos que *"they gave somebody a caesearean"* en inglés sino que ***"somebody had a caesearean"***. Y es cierto que a pesar de que ***"a caesearean section"*** es el nombre oficial, en conversaciones normalmente solemos omitir la palabra ***"section"***.

2. Babies and Beastfeeding

Bebés y lactancia

Lo has soñado desde el día en que supiste que estabas embarazada, y después de esperar tanto tiempo, ¡la cigüeña por fin entrega tu pedido! Por más que hayas intentado imaginar tu vida con un pequeño ser humano a tu lado, nada te puede preparar de verdad para ese momento tan especial y emocionante cuando por fin puedes coger a tu hijo o hija en tus brazos. ¡Ya no hay vuelta atrás! Y eso sólo puede significar **'noches sin dormir'**, ***"sleepless nights"***, muchas experiencias nuevas y mucha, mucha emoción... Así que, aprende bien la ***"nursery rhyme"*** a la derecha (¡recuerda que los bebés son esponjas!), y... **'¡Ten los pañales preparados!'**, ***"Nappies at the ready!"***.

"Twinkle, twinkle, little star,
how I wonder what you are,
up above the world so high,
like a diamond in the sky;
twinkle, twinkle, little star,
how I wonder what you are."

Rhymes for the Nursery

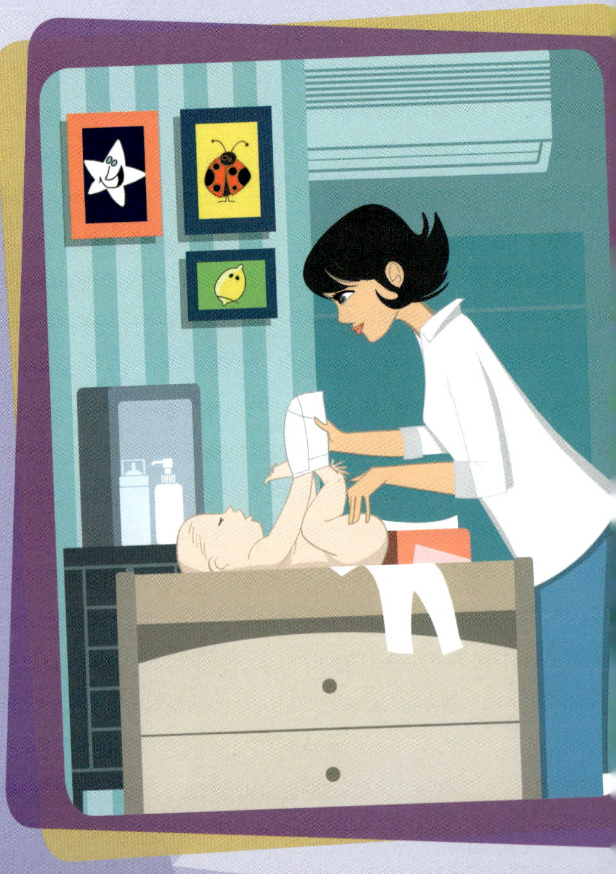

PISTA AUDIO 81

Vocabulary

BASIC

Bib	babero	/bíb/
Wet wipes●	toallitas húmedas	/huéttt_huáipsss/
Baby bottle	biberón	/béibii_bótal/
Baby grow/Onesie	body	/béibii_gróu/uánsii/

INTERMEDIATE

Nappy●	pañal	/nápii/
Cot●	cuna	/kóttt/
Dummy●	chupete	/dámmmii/
Pram●	carrito	/prámmm /

ADVANCED

To wean	dar sólidos	/tuu_huíinnn/
To crawl	gatear	/tuu_cróol/
To rock●	acunar /mecer	/tuu_rók/
To leak	escape/fuga	/tuu_líik/

Cuidado con el sonido ***'w'*** que tenemos dos veces aquí. Recuerda que es un sonido parecido a la primera silaba de **'huevos'**.

Estos cuatro objetos tienen otro nombre en inglés americano: ***"nappies"*** son ***"diapers"***, ***"the cot"*** es ***"the crib"***, ***"a dummy"*** es ***"a pacifier"*** y ***"a pram"*** es ***"a stroller"***.

El verbo ***"to rock"*** tiene varios significados. Refiriéndose a un bebé, significa **'acunar'** o **'mecer'**, pero si hablamos de otro tipo de movimiento como el de un avión o el de la tierra, la traducción sería **'sacudir'**, **'moverse'**, o **'estremecerse'**.

3. Toddler to teenager

De bebé mayor a un adolescente

'¡El tiempo vuela!', ***"How time flies!"***. Hay muchos hitos en la vida de los niños, y parece que todos los momentos duros empiezan con **'t'**. De repente tu adorable bebé pasa de la etapa de los dientes: ***"teething"*** a **'los berrinches'**: ***"temper tantrums"***, que son tan famosos en esa edad tremenda: ***"the terrible twos"***. Y antes de que uno se dé cuenta ya no son ***"toddlers"*** (**'bebés mayores'**) sino ***"teenagers"*** (**'adolescentes'**) con todo el drama que ello comporta...

Exploremos ahora las ***"tears"*** **'lágrimas'** y los ***"tantrums"*** ¡que forman parte integral de la aventura de ***"growing up"***!

> "There are only two lasting bequests we can hope to give our children. One of these is roots, the other, wings."
>
> Hodding Carter

PISTA AUDIO 83

Vocabulary

BASIC

Bruise	moratón	/brúus/
Bump	golpe	/bámp/
Scab	costra	/ssskáb/
Scrape	rozadura	/ssskréip/

INTERMEDIATE

Puberty	pubertad	/piúubeetii/
Outburst	arrebato	/aútbeesttt/
PMT	síndrome premenstrual	/píi_émmm_tíi/
Temper tantrum	berrinche	/témpe_tántrummm/

ADVANCED

Grumpy	insolente	/grámpii/
Moody	malhumorado	/múudii/
Mood-swings	cambios de humor	/múud_suíngs/
Teenage angst	angustia de adolescentes	/tíineich_ánksttt/

Cuando un niño se hace daño, en América mucha gente llama a la herida ***"a boo-boo"***, **'una pupa'**.

¿Sabes que significa ***"PMT"***? ***"Pre-menstrual tension"***, ¡aunque muchas veces no es sólo ***"pre"***!

Pobres ***"teenagers"***, ¡tantas palabras para describir su mal humor! Lo que es muy importante es que recuerdes que mal humor no se puede traducir literalmente diciendo *"bad humor"* en inglés. ¡Recuerda que es ***"bad mood"***!

Translation List

PISTA AUDIO 84

Los niños siempre están dándose golpes y haciéndose rozaduras.	Children are always getting bumps and scrapes.
¡Jenny, no te arranques la costra!¡Te quedará cicatriz!	Don't pick your scab Jenny! You'll get a scar!
Sus cambios de humor van de mal en peor.	His moods are going from bad to worse.
¡Recuerdo cuando era un niño monísimo y ahora es un adolescente insolente!	I remember when he was a cute little toddler, and now he's a grumpy teenager!
Entrenamiento de control de esfínteres hoy, ¡angustia de adolescentes mañana!	Potty-training today, teenage angst tomorrow!
A pesar de algún que otro arrebato, Aaron no es un adolescente muy malhumorado.	Despite the occasional outburst, Aaron isn't a very moody teenager.
¡Tienes suerte! Mi hija está pasando por una etapa de cambios de humor terroríficos.	You're lucky! My daughter is going through a stage of having terrible mood-swings.
Si sufres SPM toma ibuprofeno.	If you're suffering from PMT take some ibuprofen.

ponte a prueba

¿Te acuerdas de cuál es el otro significado de ***"bump"*** que hemos visto? ¡Bien!, **'la tripa de embarazada'**, ***"the baby bump"***.

recuerda que

Usamos un verbo especial para hablar de **'arrancarse una costra'**. No usamos *"to touch"* sino ***"to pick a scab"***.

¡ojo!

Es muy fácil equivocarte con esta frase hecha. Fíjate que decimos ***"To go from bad to worse"*** y no *"to worst"*.

saber más

Recuerda que la palabra **'terrorífico'** no se puede traducir como *"terrific"*. ***"Terrific"*** es siempre algo muy positivo, usa ***"terrible"***.

pronunciation

La vocal **'u'** en inglés tiene muchas pronunciaciones. ¿Cómo se pronuncia ***"bruise"***, por ejemplo? No decimos /brú-is/ sino **/brúus/** como si fuese una **'u'** larga. ***"Puberty"*** contiene casi el mismo sonido pero es como si hubiese una **'i'** antes de la **'u'**: **/piúubeetii/**. Por último, la **'u'** en ***"bump"*** es como una **'a'** larga: **/bámp/**. ¡Qué complicado!

expressions

Como todo el mundo siempre dice, ***"they grow up so fast"***, **'los niños crecen muy rápido'**, y es verdad, en cuestión de segundos se convierten en terremotos y ***"you need to grow eyes in the back of your head!"***, **'¡necesitas ojos en la espalda!'**.

¡No digas: *"eyes in the back of your back"*!

Y otra cosa... para que no metas la pata, recuerda que el Ratoncito Pérez no llega a los países angloparlantes; nosotros tenemos un hada que da regalos a los niños cuando se les caen los dientes. No se te va a olvidar porque su nombre es sencillo: ***"the toothfairy!"***.

false friends

Un falso amigo clásico es lo de decir que no te sientes muy bien porque tienes tu *"ruler"* y olvidar que en inglés ***"ruler"*** sólo se usa para describir algo con lo que mides. La palabra que hay que utilizar es ***"period"***.

Y mientras estamos con el tema, presta atención a las siguientes cosas fundamentales a la hora de entrar en una farmacia: los **'tampones'** son ***"tampons"***, así que eso no nos causa muchos problemas, y las **'compresas'** son ***"sanitary towels"***. Pero hay otra cosa importantísima: si tienes herpes labial, bajo ningún concepto entres a una farmacia y pidas algo para tu *"herpes"*, ¡te van a dar otro medicamento! **'Herpes labial'** en inglés tiene otro nombre, se dice ***"a coldsore"***... ¡***"Herpes"*** está relacionado con otra parte del cuerpo!

4. Daily routine

Rutina diaria

Por más que intentemos llenar nuestra rutina diaria con cosas más interesantes y relajarnos con una taza de café por la mañana o con un baño por la noche, en algún momento hay que limpiar la casa, lavar la ropa, cocinar, ¡y apagar cualquier fuego que surja! Apúntalo en la lista de ***"phrasal verbs"***, ¡**'apagar fuegos'**: ***"to put out fires"***!

No es casualidad que en inglés, las palabras ***"chore"*** (**'quehaceres domésticos'**) y ***"bore"*** (**'aburrir'**) rimen... ¿Conoces a alguien que disfrute haciendo las tareas domésticas? De acuerdo, el suelo del baño brillante y una cocina que huele a pan recién horneado nos hacen sentir muy bien, pero es una lástima que esto sólo suceda en casa de los suegros. Ojalá tuviéramos una varita mágica...

Antes de estudiar vocabulario útil y de hacer traducciones sobre el ajetreo cotidiano, ten en cuenta que al traducir expresiones relacionadas con las tareas domésticas, **'hacer'** generalmente se traduce utilizando el verbo ***"do"*** ¡y no *"make"*!

"My normal routine is pretty much putting out fires all day."

Vera Wang

PISTA AUDIO 85

Vocabulary

BASIC

Housework	tareas del hogar	/hhháushueek/
To water the plants	regar las plantas	/tuu_húoote_dz_pláantsss/
Dishwasher	lavavajillas	/dísh_huóshe/
Washing machine	lavadora	/húashing_mashíinnn/

INTERMEDIATE

To do the laundry	hacer la colada	/tuu_duu_dz_lóondrii/
To do the ironing	planchar	/tuu_duu_dz_íoning/
To do the dishes	fregar los platos	/tuu_duu_dz_díshis/
To do the shopping	hacer la compra	/tuu_duu_dz_shóping/

ADVANCED

Vaacum cleaner	aspiradora	/vvvákiummm_klíinee/
Mop and bucket	fregona y cubo	/móp_and_bákittt/
To hang out the clothes	tender la ropa	/tuu_hhháng_áuttt_dz_klóuzs/
To throw out the rubbish	tirar la basura	/tuu_dzroú_áuttt_dz_rábish/

Mira qué fácil es el inglés... ¡Simplemente convertimos ***"water"*** en un verbo para decir **'regar'**!

Cuidado con la pronunciación de ***"ironing"***. Es importante que te acuerdes de no pronunciar la ***"r"*** porque es casi muda. Practícalo en voz alta: **/íoning/**.

Recuerda que se puede decir también ***"to hang the clothes out"*** o ***"to throw the rubbish out"***.

¿Y **'apagar fuegos'**? También es separable: ***"To put out fires"*** o ***"to put fires out"***.

PISTA AUDIO 86

Translation List

¿Por qué no haces un poquito de esfuerzo y riegas las plantas?	**Why don't you make a bit of an effort and water the plants?**
¡No tengo tiempo de hacer la colada y de hacer la comida también!	**I don't have time to do the laundry and to make lunch!**
Cómprate una de esas aspiradoras automáticas y haz tu vida más fácil.	**Buy one of those automatic vacuum cleaners and make your life easier.**
Hazme un favor y tiende la ropa.	**Do me a favour and hang out the clothes.**
¡Fregar el suelo me agobia mucho!	**Mopping the floor does my head in!**
Le prometí que si él tiraba la basura, yo plancharía.	**I made a promise that if he threw out the rubbish I would do the ironing.**
Si pudiese pedir un deseo, sería el no tener que hacer las tareas del hogar nunca más.	**If I could make one wish, it would be to never do the housework again.**
Si no sacas tiempo, nunca limpiarás el polvo.	**If you don't make time, the dusting never gets done.**

saber más

Aunque la traducción oficial de **'aspiradora'** es ***"vacuum cleaner"*** mucha gente británica se refiere a la marca ***"Hoover"*** y la llama así. ***"Hoover"*** también se puede usar como verbo, por ejemplo: ***"I'll hoover the flat later"***.

inglés coloquial

Aprende esta manera de expresar que algo te molesta mucho. Intenta decirlo todo junto: **/tuu_duu_maí_héd_ín/**.

ponte a prueba

El ***"phrasal verb" "to hang out"*** significa **'tender'** la ropa pero tambien usamos ***"to hang up"*** para decir **'colgar'** la ropa ya seca. ¿Y te acuerdas cómo usamos ***"to hang up"*** en una conversación de teléfono? Para decir **'colgar'**: ***"He hung up on me!"***.

no olvides

Nunca usamos ***"if"*** y ***"will"*** o ***"would"*** en la misma oración. Recuerda que en el segundo condicional usamos el pasado simple con ***"if"*** en una oración y ***"would"*** + **presente perfecto** en la otra.

pronunciation

Como bien sabemos, la ortografía de una palabra muchas veces no tiene nada que ver con su pronunciación en inglés. Fíjate en las palabras *"chore"* (**'quehaceres'**), *"bore"* (**'aburrir'**) y *"laundry"* (**'la colada'**); las tres tienen el sonido **'o'** largo aunque su ortografía es diferente: **/chóor/**, **/bóor/** y **/lóondrii/**. ¡Alarga bien el sonido para parecer nativo!

expressions

En inglés, las **'pelusas'** que se encuentran en los rincones de la casa se llaman *"dust balls"* o también *"dust bunnies"* que literalmente significa ¡**'conejitos de pelusa'**! Para continuar con el tema de los animales y cuando no has tenido tiempo de limpiar los *"dust bunnies"* o de hacer las tareas domésticas, en inglés utilizamos la frase *"to be a pigsty"*, **/tuu_bii_a_pígstai/** (**'ser una pocilga'**) para describir nuestra casa. Por supuesto, cuando finalmente tienes tiempo de limpiar tu *"pigsty"* puedes utilizar una expresión con un sentido mucho más positivo: *"to be spick-and-span"*, **/ssspík_and_ssspán/** ¡que significa **'quedar como los chorros del oro'**!

anecdotes

Aunque hacer las tareas del hogar puede ser tedioso, *"you can thank your lucky stars"*, **'demos gracias a la fortuna'** por haber evolucionado algo en las convicciones del siglo pasado, en el que había unas ideas muy opresivas de cómo debía ser una buena ama de casa. Según *"The Good Wife's Guide"* escrito en 1955, una mujer tenía que *"put a ribbon in your hair and be fresh looking"* (**'ponerse un lazo en el pelo y estar arreglada'**) y cuando volviera el hombre de la casa *"arrange a pillow and take off his shoes"* (**'preparar un cojín y quitarle los zapatos'**) por no hablar de este consejo clásico: *"Do not ask him questions...you have no right to question him"* (**'No le preguntes nada...no tienes derecho a preguntarle'**). ¡Es cierto que tenemos que *"thank our lucky stars"* que las cosas han cambiado desde entonces!

5. Out and about

Moviéndote de un sitio a otro

"Nappies and wetwipes?"* Check. *"Spare baby grow?"* Check. *"Baby food?"* Check!** ¡Entonces estás lista para salir de casa con el bebé! O quizás te estás enfrentando a salir dejando a los niños con la canguro que, por cierto, tiene un nombre ridículo en inglés: ***"babysitter". ¡Literalmente es alguien sentado encima de tu bebé! Bueno, al menos no lo olvidarás. Con o sin niños, salir de casa y ver cómo vive el resto del mundo siempre es positivo; en inglés decimos ***"getting out and about always does you some good!"*** (otro ejemplo para tu lista de ***"make"*** y ***"do"***: ***"to do some good!"***).

> "Growing old is no more than a bad habit which a busy person has no time to form."
>
> André Maurois

PISTA AUDIO 87

Vocabulary

BASIC

Child seat	silla de bebé	/chaíldsiittt/
Escalator	escaleras mecánicas	/éskaleite/
Lift●	ascensor	/líftttt/
Underground	metro	/ándeegraund/

INTERMEDIATE

Babysitter	canguro	/béibiisite/
Bus lane	carril bus	/básss_léinnn/
Fine	multa	/fáinnn/
Travel card●	abono transporte	/trávvval_káad/

ADVANCED

Traffic jam	atasco de tráfico	/tráfik_(chll)ámmm/
To drop off	dejar	/tuu_dróp_offf/
Nursery	guardería	/néesee(r)ii/
To dash around●	moverse a toda velocidad	/tuu_dásh_aráunddd/

¿Conoces la palabra americana para ***"lift"***? Es ***"elevator"***, /élavvveite/.

Aunque en español se puede hablar de un **'abono'** para deportes o conciertos, en inglés ***"travel card"*** sólo sirve para hablar de transporte.

"To dash around" significa moverse a toda velocidad de sitio en sitio, pero también es posible usar el verbo ***"to dash"*** a secas: ***"to dash home"*** (**'salir pitando a casa'**).

PISTA AUDIO 88

Translation List

Un abono transporte a la larga te puede ahorrar mucho dinero.	**A travel card can save you a lot of money in the long run.**
Lo peor de ir en metro es que no todas las estaciones tienen ascensor.	**The worst thing about getting on the underground is that not all stations have lifts.**
Esas mochilas para bebé son bastante cómodas.	**Those baby backpacks are quite comfortable.**
Hemos llamado a una canguro y vamos a salir esta noche.	**We've called a babysitter and we're going out tonight.**
Dejo a Tim en la guardería a las ocho y media y le recojo a las tres y media.	**I drop Tim off at nursery at half past eight and pick him up at half past three.**
En Londres hay que pagar una tasa de circulación si conduces por el centro de la ciudad.	**In London you have to pay a congestion charge if you drive into the city centre.**
Aunque haya tráfico, no se te ocurra utilizar el carril bus porque te pondrán una multa.	**Even if there is a traffic jam, don't be tempted to drive in the bus lane, as you'll be fined.**
¡Te mereces tiempo para ti misma, siempre vas corriendo de un lado para otro!	**You deserve some time for yourself, you're always dashing around!**

saber más

Aunque el nombre oficial es ***"London Underground trains"*** el metro de Londres tiene otro nombre que todo el mundo usa: ***"the Tube"***, **/dz_chóob/**. Para ser un verdadero londinense, di ***"I'm getting on the Tube!"***.

recuerda que

No pronunciamos la palabra **'cómodo'** en inglés tal y como se escribe. No es */comfORtable/* sino con solo tres sílabas: **/cámmmmftabal/**.

¿sabías qué?

También es posible hablar de **'la guardería'** usando la palabra ***"playgroup"*** en inglés británico. Otra palabra americana para añadir a la lista es ***"kindergarten"***.

no olvides

Las palabras en inglés británico y americano muchas veces tienen distinta ortografía, como con la palabra ***"centre"*** (RU) y ***"center"*** (EE.UU.).

pronunciation

Vamos a practicar la diferencia entre la **'i'** corta (**/i/**) del verbo ***"sit"***, que tenemos en el vocablo ***"babysitter"*** (**'canguro'**) y la **'i'** larga (**/ii/**) de la palabra ***"seat"*** (**'silla'**). Hay que sonreír cuando dices ***"seat"***: **/síittt/**.

El ***"sit"*** de ***"babysitter"*** es mucho más corto, como la **'i'** española. Pero hay otra cosa con lo que tienes que tener mucho cuidado: muchas veces sale sin querer una **'h'** no invitada y se escapa un */shít/* que significa algo totalmente diferente ¡y no muy elegante! Dilo quince veces para asegurarte de que puedes con ello: **/béibiisite/**.

expressions

Quizás es porque tienes que llevar a tus niños al colegio para hacer lo que en inglés llamamos ***"the school run"***. O puede que sea porque te has quedado sin pañales ¡o solamente porque te apetece! Cualquiera que sea tu razón para dejar ***"the organised chaos"*** (**'el desorden organizado'**) de tu hogar y atreverte a salir al **'jaleo'** del mundo real, acuérdate de que en inglés tenemos una expresión muy buena. Hablamos de ***"the hustle and bustle"*** y esta expresión normalmente va seguida de la preposición ***"of"***: ***"the hustle and bustle of the outside world"*** o ***"the hustle and bustle of the capital"***. Para decirlo como un nativo, aspira bien la **'h'** de ***"hustle"*** y cuidado con la pronunciación de las **'u'**s: di **/hásal_and_básal/**.

false friends

'Quedar' con amigos es bueno para la salud, pero no confundas a tus amigos angloparlantes al decir *"do you want to stay with me?"*. En inglés **'quedar'** tiene dos traducciones. Si quieres decir **'quedar'** en el contexto de reunirte con amigos, solemos usar el ***"phrasal verb" "to meet up"*** aunque se puede usar ***"to meet"*** a secas. Usa el verbo ***"to stay"*** solamente si hablas de **'quedarse'** o **'alojarse en un hotel'**, o **'por un periodo de tiempo en un sitio'**.

¡Ojo!, aunque seguro que ya lo sabes, '**reunir'** también puede ser un ***"false friend"***. El verbo ***"to reunite"*** expresa la idea de quedar después de mucho tiempo sin verse (normalmente años), así que para reuniones informales, usa ***"to meet up"***.

6. Home Improvements

Mejoras en la vivienda

"Improvement begins with I"; eso es cierto, aunque tenemos que reconocer que a veces cuando se trata de acometer mejoras en la vivienda, ¡es mejor empezar por el decorador! No importa cuál sea tu preferencia, si te gusta hacerlo todo tú mismo, estilo ***"DIY"***, o si te sientes más cómodo dejándolo en manos de un experto; en esta sección vamos a explorar el mundo de los ***"home improvements"***. Fíjate en que no decimos *"house"* ni *"flat improvements"*. Usamos la palabra más íntima, ***"home"***. Y antes de empezar, si quieres tener una buena definición de la palabra ***"home"*** y saber cuándo se usa, recuerda el siguiente refrán: ***"Home is where the heart is"***.

> "Improvement begins with I."
>
> Arnold H. Glasow

PISTA AUDIO 89

Vocabulary

BASIC

Renovations	renovaciones	/renovéishannns/
Extensions	ampliaciones	/eksténshannns/
To paint	pintar	/tuu_péinttt/
To decorate	decorar	/tuu_dékoreittt/

INTERMEDIATE

Furniture	muebles	/féeniche/
DIY	bricolaje	/díi_ái_úai/
The accounts	las cuentas	/dz_akáunttsss/
The expenses	los gastos	/dz_ekspénsssis/

ADVANCED

To have work done	estar de obras	/tuu_hhhávvv_huéek_dánnn/
A botched job	una chapuza	/a_bótttchd_(chll)ób/
Plumber	fontanero	/pláme/
Scaffolding	andamios	/ssskáfolding/

El inglés es un idioma lógico, a veces... ¿Cómo llamamos en inglés a alguien que pinta? Eso es, ***"a painter"***. ¿Y a alguien que decora? ***"A decorator"***.

¿Sabes qué significa ***"DIY"***? ***"Do it yourself"***, **'¡Hazlo tú mismo!'**.

"A botched job" es literalmente **'un trabajo chapucero'**. Otra traducción de **'chapucero'** es ***"lousy"***, pronunciado **/láusii/**.

Translation List

PISTA AUDIO 90

Estamos pensando en renovar la cocina.	**We're thinking of renovating the kitchen.**
En la casa de al lado están transformando la buhardilla en un ático.	**The house next door is getting a loft conversion.**
Todos los meses actualizan sus cuentas y gastos en una hoja de cálculo.	**Every month they update their accounts and expenses on a spreadsheet.**
Al final optamos por hacerlo nosotros mismos para ahorrar dinero.	**We went for the DIY option in the end to save money.**
Esa tienda de muebles ofrece un servicio de entrega a domicilio.	**That furniture store has a home delivery service.**
¿Conoces algún fontanero por la zona que sea fiable y con precios razonables?	**Do you know of any reliable and reasonably priced plumbers in the area?**
El pintor y el decorador que contrataron hicieron una chapuza.	**The painter and decorator they hired did a botched job.**
Nuestros vecinos están de obras y hay andamios por todas partes.	**Our neighbours are getting work done and there's scaffolding everywhere!**

no olvides

Aunque ***"attic"*** existe, muy a menudo usamos otra palabra para **'ático'** o **'desván'**. Una vez que está convertido en una habitación habitable y no se usa sólo para almacenar cosas, recurrimos a la palabra ***"loft"***.

fíjate:

Cuando en español se usa **'a un precio razonable'**, en inglés tenemos dos maneras de decir esto. Puedes decir ***"at a reasonable price"*** usando un sustantivo y un adjetivo, al igual que en español, o ***"reasonably priced"***, con un adverbio y el participio del verbo ***"price"***.

saber más

En inglés hay varias maneras de traducir la palabra **'obras'** dependiendo de dónde se realicen. Por ejemplo, si son en la calle decimos ***"roadworks"***, sin embargo si son proyectos personales, decimos ***"to get work done"***.

recuerda que

"Furniture", ***"work"*** y ***"scaffolding"*** son siempre sustantivos incontables. Jamás puedes hablar de *"furnitures"*, *"works"* o *"scaffoldings"*. ¡Practícalo creando tus propias frases!

expressions

'Las mejoras de la vivienda' no son baratas y nunca sabes cuándo vas a tener una avería en la caldera u otro gasto inesperado. Por eso toca ahora repasar el verbo ***"to save"*** (**'ahorrar'**) como parte de la expresión ***"to save up for a rainy day"*** que significa **'ahorrar para el día de mañana'**. Intenta decirlo con naturalidad: **/Aímmm_séivvving_ap_foo_a_réinii_déi/**, literalmente **'estoy ahorrando para un día lluvioso'**. ¡Qué prudente! Y si después de tanto ***"saving"*** te apetece gastar un poco de manera totalmente imprudente, tenemos un ***"phrasal verb"*** perfecto: ***"to splash out"*** (**'derrochar'**). Dilo con orgullo: ***"I'm splashing out on some new furniture!"***. También usamos el sinónimo ***"to splurge"***, **/ssspléech/**. Ahora que casi has terminado el libro, ¿no te tienta ***"to splurge"*** en un billete a Inglaterra, EE.UU., Australia o cualquier país angloparlante? ¡Sería la manera perfecta de practicar todo tu nuevo inglés!

pronunciation

Con tantas ***"renovations"***, ***"decorations"***, ***"extensions"*** y ***"conversions"***, es hora de ver cómo vocalizamos el sonido **'tion'** o **'sion'** al final de la palabra. Y aunque tienen distintas letras, curiosamente se pronuncian de la misma manera. Tienes que apretar los dientes y formar el sonido **'shhhhh'**: **/renovéishannn/**, **/decoréishannn/**, **/exténshannn/** y **/convérshannn/**. ¡Ahora otra vez en voz más alta aún!

did you know?

Si esperas un bebé y no te da tiempo a construir la cuna...(por cierto, ¿cómo era la palabra **'cuna'** en inglés? ***"A cot"***, ¿y en americano? ***"a crib"***, ¡bien!), no te preocupes, no está todo perdido. En Finlandia el gobierno da a las familias **'una caja de cartón'**, ***"a cardboard box"*** donde se supone que dormirá el bebé, y también un ***"pack"*** lleno de ropa y cosas útiles para el nuevo miembro de la familia. Los estudios muestran que desde que han introducido esta caja, ha bajado la mortalidad infantil hasta uno de los porcentajes más bajos del mundo. Así que si el ***"DIY"*** no es lo tuyo ¡siempre te quedan otras soluciones!

7. Conversation

PISTA AUDIO 91

The Supermummy with Alison Lanthorn

X: Alison, hello!

A: Hello!

X: How are you doing today?

A: Great, great, really good.

X: Glad to be here and talking about being a supermum? Because Alison let's tell the truth, you're a pretty super mum.

A: I don't know about all of that. Now I'm getting red, I'm blushing!

X: Yup, she's blushing in front of me! But it's funny because I call her a supermum, and you say...

A: Supermom

X: Exactly. With a small difference of pronunciation: "Supermom". Well, not quite with an 'o'.

A: No, you say, "mum" - **/mám/**.

X: Exactly. Say it again.

A: Supermom - **/mόm/**. Yeah, **/mόmmy/**. I'm one supermommy, well I try. I try.

X: She tries, and she does pretty well with her trying. But anyway, before becoming a supermummy, you had to go through forty weeks of pregnancy.

A: Pregnancy, yeah.

X: How do you feel... how did you feel about pregnancy in general?

A: Well... personally, I'm not a huge fan... I wasn't a huge fan of being pregnant, but that being said, I had a pretty good pregnancy, because I didn't have morning sickness...

X: That's lucky.

A: ...I didn't have nausea. I had a pretty good pregnancy.

X: Amazing, so no problems, but not comfortable.

A: I just didn't... I didn't love it; the gaining weight, the big baby bump starts to get heavy...In that sense it was a little intense, right? It was a little long.

X: Yeah, that's true.

A: Although Chloe didn't reach her due date, my daughter. She came early. So I didn't go the full forty weeks. She was born before her due date.

X: Did you have people coming up to you and just rubbing your belly?

A: I didn't have yeah... I didn't get too much of the Buddha belly rubbing, but I did, I did... It is uncomfortable, you're not very comfortable. I wasn't comfortable in my skin.

X: But then, so when she finally came... Brilliant! She was here and...

A: It was fantastic, yeah.

X: It's worth it. It's worth it in the long run.

A: It is. It is. It's the **bundle of joy** you've been waiting for.

"Bundle of joy" 'pequeñín/bebé recién nacido'

X: Exactly! And so when the stork finally delivered, how did you feel? Did you have endless sleepless nights or were you more... lucky with your... with your bundle?

A: No, no, no, no. Yeah, there were definitely lots of sleepless nights, although I did breastfeed for a while, I also used a **pump** so that I could take out the milk, in which case I had to give her bottles, and wash bottles...

"Breast pump" 'sacaleches'

X: and sterilise...

A: ...and clean up diapers. You go through so many diapers, so many wipes, so many bottles, sterilising everything, the pacifiers. So you're not sleeping, and at the same time you're continually working on cleaning up after this little creature, that's not moving, but making a huge mess.

X: And smelling pretty bad when they want to. It's amazing; I remember the black poos that come out when they're first born and you're just in shock. What's this? How can a baby, such a cute thing, create such a mess!

A: Such a mess!

X: And the explosive...

A: The explosive poos, yeah. It is! It's quite a journey, it is... and of course you're really, really tired, you know, which makes it that much more difficult. But then it gets better, I mean, as the baby starts to do things and starts to crawl and starts to move around and starts to **roll over**, it gets really exciting.

"To roll over" 'darse la vuelta'

X: Exactly! And they start going "goo goo ga ga".

A: "goo goo ga ga", yeah.

X: What was Chloe's first sort of word?

A: Well the Spanish like to say that they say 'ajo', but I don't hear that.

X: 'Ajo'?

A: They say 'ajo', but they don't say that, they say "agoo agoo agoo". We say they coo in English, we say they coo like a bird, like a pigeon.

X: And now, not such a baby anymore. The cute little baby turns into...

A: A toddler!

X: A toddler.

A: The terrible twos. Yeah blurghhh! No, it's not so bad!

X: It's not so bad?

A: It's tough, because they're continually, like, pushing the boundaries and trying to do things that... trying to be autonomous, but they're not ready to be independent completely.

X: So then they're frustrated...

A: Yeah, and they're really active. I mean, Chloe falls a lot she's got bruises and bumps and scratches, and there's a lot of that as well. But it's also so much fun, because she's learning so much, and every day is a new word or a new activity or something exciting, so this is nice.

X: And have you managed to even start thinking of the old potty-training.

A: I actually just last night said to Raul, I think it's time, because she called me from the bedroom when she was in bed and said "pee-pee", and I was like "Ah!", so she's kind of noticing, but I tried it once already and she was totally not interested, so I said, "Ok, not now". And because we're in the summer, approaching the summer, I think it's a good time to try, because in the winter to have wet pants, if she **wets herself**, as we say, she'll be cold.

"To wet oneself"
'orinarse encima'

X: Yeah, exactly, no, it's a good time to start.

A: Summer, so I think we've got to give it a go. That is something I'm terrified for.

X: And what about when she turns sixteen and starts pushing you away.

A: Now, sorry, sorry, THAT is something I'm terrified for!

X: The moody teenager stage.

A: Yes, or the rebellious... I'm more concerned that she would do something... Apart from the rebellious and the moody and all of that, just that she would do something and make a big mistake or get hurt somehow by being careless, you know.

X: Were you a particularly moody teenager yourself, a particular rebellious teenager?

A: I was... a little... yeah!

X: Oh no! I was going to say, if you weren't she probably won't be!

A: No, I was, but my mum always said because one day I said, "I'm so sorry. Thank you for being such a good mother", I told her, and she said, "No, you were always really nice though". Even though...

X: Really? Really?!

A: I was always testing the limits and trying to do things, but she was... my mother said, "you were always good". I mean I never said, "I'm **running away** from home" or "I'm leaving". But I was a woman, I was a teenager, so I had mood swings, I was a girl!

"To run away"
'huir/escaparse de casa'

X: Exactly, you go through puberty and you don't want to give your parents kisses.

A: This is it. And your parents know nothing, hellloooo. I know everything. You guys know nothing... So I'm not exactly excited about that, no, no.

X: And now obviously you know everything, you still know everything. Would you describe yourself as a domestic goddess Alison?

A: Not if it weren't for the **nanny** who helps me a lot.

"Nanny"
'niñera'

X: Ah, so you've got a trick to being a domestic goddess.

A: Yes, yes, because I'm also working. So I mean working fulltime and maintaining a home fulltime and a child, a toddler and a husband...Well, I don't maintain my husband, but...

X: Well a little, surely...

A: Yeah, meaning making dinner, making lunch, this kind of thing. If I didn't have someone who helped me with the housework, with the mopping, with the cleaning, with the laundry, with the ironing, with the dishes, all of these things, it would be pretty tough, you know so I have to give a lot of credit to her. I do... obviously I have to do the laundry, and I have to clean the house and I have to sweep and mop on the weekends.

X: But it's impossible **juggling** everything.

"To juggle"
'hacer malabarismos'

A: I couldn't do it all, all week long, because there aren't enough hours in the day.

X: And you need to be able to enjoy yourself at times as well, because otherwise...

A: Yeah, yeah, yeah and enjoy your child too, because otherwise I would get home and I would clean right away. And now I get home, I spend some time with

Solutions

Soluciones

1. ***The Shopaholic***

Página 13:

Ocho de cada diez hombres odian ir de compras con su compañera; el 45%... lo evitan a toda costa.

Uno de cada cuatro hombres regresa a su casa sin su pareja cuando se aburre.

La mitad de las parejas terminan peleando cuando van de compras.

Los hombres tienen menor probabilidad de portarse mal, ¡si les prometes una recompensa al final del viaje de compras!

3. ***The Globetrotter***

Página 93:

Skiing	Snowboarding
Pros	**Pros**
Más fácil desplazarse en la montaña.	Trabajas todo el cuerpo.
Bueno para los muslos, el culo y la cadera.	Quema más calorías que esquiar.
Cons	**Cons**
Puede causar daño en las rodillas.	Aprender snowboarding es más doloroso al principio, sobre todo si la nieve no está fresca.
¡Cogerle el truco puede llevar más tiempo!	¡Si llegas a un lugar llano es difícil moverse!

4. ***The Party Animal***

Página 123:

1. Sober. **2.** Tipsy. **3.** Merry. **4.** Woozy. **5.** Drunk. **6.** Battered. **7.** Legless!

5. ***The Health Nut***

Página 133:

"Sugary drinks / Sweets"

"Dairy / Fish / Poultry / Eggs"

"Vegetables / Fruits"

"Whole grains"

6. *The Princess*

Página 163:

Pineapple: **Piña**

Broccoli: **Brócoli**

Almonds: **Almendras**

Whole wheat pasta/bread: **Pasta/pan integral**

Carrots: **Zanahorias**

Pumpkin seeds: **Semillas de calabaza**

Fish: **Pescado**